中国
注释法学
文库

现行违警罚法释义

汪文玑 著

商务印书馆
2016年·北京

广州大学公法研究中心合作项目

主持人　董　皞

顾问　李步云　应松年

广州大学社科专项资助

商务印书馆图书馆提供版本

总　序

一个时代法学的昌明，总开始于注释法学；一个民族法学的复兴，须开始于历史法学。

虽然清朝帝制的陨落也正式宣告了中华法系生命的终结，但历史的延续中，文明的生命并不只在纸面上流动。在中华民族近现代法治文明孕育的肇端，中华法制传统转向以潜移默化地形式继续生息，西学东渐中舶来的西方法学固然是塑造中国作为现代民族国家法学的模型，但内里涌动的中国法文化传统却是造就当代中国法学的基因——这正是梅因要从古代法中去寻找英国法渊源的原因，也是萨维尼在德国法体系发展伊始即提出的："在人类信史展开的最为古老的时代，可以看出，法律已然秉有自身的特性，其为一定民族所特有，如同其语言、行为方式和基本的社会组织特征。"①

有鉴于此，从历史溯源来探索独特中华法治文明，重塑中华法系，是当代中华民族追求伟大复兴的必由之路。所以，当历史的沧桑和尘埃终于在半个多世纪的岁月里缓缓落定的时候，我们应在此刻再度回眸那个东西文明撞击的年代，会发现，在孜孜探求中国现代民族国家法学发展之路的民国，近代法学的先驱们尝试将曾经推动西方现代法学兴起的注释法学引入中国。孟森、张君劢、郑競毅、汪文玑、

---

① ［德］萨维尼：《论立法与法学的当代使命》，许章润译，中国法制出版社 2001 年版，第 7 页。

秦瑞玠、谢霖、徐朝阳……这些人既是中国传统文化滋养下成长的精英，又是怀有开放心态虚心学习世界先进文化的智者，可以说，他们以自觉的时代精神和历史责任感担负起构建民族法学、追求民族复兴的使命，而又不自觉地传递着中华法系传统的理念和逻辑。细细研读他们的作品，不但是对近代民国注释法学派理论研究的梳理，更能对近代以降，现代民族国家觉醒过程中，中国法学建立的历史源流进行深入和系统的把握。

近年来，多部近代法学著作重新被整理推出，其中不乏当时大家的经典之作，然而，从注释法学的角度，系统梳理中国当代法学的理论发展史，尚无显著进展或相关成果问世。由此，余欣闻商务印书馆和广州大学法学学科的教学、科研单位，现合作计划对这批民国时期注释法学的研究成果进行勘校整理，并重新让民国法注释学的经典著作问世，我深感振奋。这套丛书比较全面地覆盖了现代法体系中各个法律部门，能够为展现中国近代法治文明转型和现代民族法学发生、发展史建立起完备的框架，无论对于法制史学，还是对于当代中国部门法的理论研究与制度探索，乃至整个当代民族法学文化的发展而言，都具有极其关键的意义。毕竟，受到法文化传统影响，中国政治对法学和法制的压抑使传统的法文明散落在经典知识体系的各个"角落"而未能独立，虽然有律学这支奇葩，但法独立性的文化基础仍然稀薄。进入近代，在西方法治文明模式的冲击下，虽然屡有"立宪救国"的政治运动以及社会思潮，然而，尝试用最"纯粹"的路径去构建民族法学和部门法制度，还当属这些学术先驱们拟采用的"罗马法复兴"之路径，即用注释法学来为中国民族法学奠基。可以说，勘校和整理这一系列丛书，是法学研究中对注释法学和历史法学的大胆结合，既是对文献研究的贡献，也是突破既定法学研究范式，打通部门法、法理学和法制史学研究的方法创新。

是以，余诚挚期盼该丛书经过勘校整理，能够为中国法制史和部门法学基础理论研究，提供一条贯通历史与现实的"生命线"，望能促进当代中国法学的理论和制度，均能一据历史法学而内蕴传统之民族精神，又外依注释法学而具精进之现实理性，故此为序。

张 晋 藩

2013 年 3 月 15 日于北京

凡 例

一、"中国注释法学文库"多收录1949年以前法律学术体系中注释法学的重点著作，尤以部门法释义居多。

二、入选著作内容、编次一仍其旧，唯各书卷首冠以作者照片、手迹等。卷末附作者学术年表和题解文章，诚邀专家学者撰写而成，意在介绍作者学术成就、著作成书背景、学术价值及版本流变等情况。

三、入选著作率以原刊或作者修订、校阅本为底本，参校他本，正其讹误。前人引书，时有省略更改，倘不失原意，则不以原书文字改动引文；如确需校改，则出脚注说明版本依据，以"编者注"或"校者注"形式说明。

四、作者自有其文字风格，各时代均有其语言习惯，故不按现行用法、写法及表现手法改动原文；原书专名（人名、地名、术语）及译名与今不统一者，亦不作改动。如确系作者笔误、排印舛误、数据计算与外文拼写错误等，则予径改。

五、原书为直排繁体，均改作横排简体。其中原书无标点或仅有简单断句者，一律改为新式标点，专名号从略。

六、原书篇后注原则上移作脚注，双行夹注改为单行夹注。文献著录则从其原貌，稍加统一。

七、原书因年代久远而字迹模糊或纸页残缺者，据所缺字数用"□"表示；字难以确定者，则用"（下缺）"表示。

八、入选著作外国人名保持原译名，唯便今天读者，在正文后酌附新旧译名对照表。

目 录

题签 …………………………………………………………… 1
序一 …………………………………………………………… 2
序二 …………………………………………………………… 3
例言 …………………………………………………………… 4

绪 论

第一章 违警罚法之沿革 ……………………………………… 3
第二章 违警罚法之意义 ……………………………………… 4
第三章 违警罚法之立法例 …………………………………… 5
第四章 违警之即决 …………………………………………… 6
第五章 违警罚法之解释 ……………………………………… 7
第六章 违警罚法与刑法之关系 ……………………………… 8
第七章 违警罚法与其他警察法规之关系 …………………… 9

本 论

第一章 总纲（第1—31条）………………………………… 13
 第一节 违警罚法之效力 ……………………………… 13
 第二节 非违警行为 …………………………………… 14
 第三节 免责之违警行为 ……………………………… 15
  第一款 未满十三岁人之违警 ……………………… 15

第二款　心神丧失人之违警 …………………………… 16
　　　第三款　因紧急危难之违警 …………………………… 17
　　　第四款　因无力抗拒之违警 …………………………… 18
　第四节　违警之未遂 ……………………………………………… 18
　第五节　累犯之加罚 ……………………………………………… 19
　第六节　违警之并合 ……………………………………………… 21
　第七节　违警之共犯 ……………………………………………… 22
　　　第一款　正犯及从犯 …………………………………… 23
　　　第二款　造意犯及准造意犯 …………………………… 23
　　　第三款　准从犯 ………………………………………… 24
　第八节　违警之罚则 ……………………………………………… 24
　第九节　拘留之执行 ……………………………………………… 26
　第十节　罚金之执行 ……………………………………………… 26
　第十一节　没收物之种类 ………………………………………… 27
　第十二节　停止营业之期间 ……………………………………… 28
　第十三节　勒令歇业适用之原则 ………………………………… 28
　第十四节　损害赔偿 ……………………………………………… 29
　第十五节　自首 …………………………………………………… 29
　第十六节　酌量加减 ……………………………………………… 30
　第十七节　并科之制限 …………………………………………… 31
　第十八节　主罚之免除 …………………………………………… 31
　第十九节　文例 …………………………………………………… 33
　第二十节　拘留之假释 …………………………………………… 33
　第二十一节　现行犯之处置 ……………………………………… 33
　第二十二节　嫌疑犯之处置 ……………………………………… 34
　第二十三节　时效 ………………………………………………… 34

第二十四节　时例 … 35
第一款　日与月之计算 … 35
第二款　时期之计算 … 36
第三款　释放之时间 … 36

第二章　妨害安宁之违警罚（第32条） … 37
第一款　未经公署准许，制造或贩卖烟火者 … 37
第二款　于人烟稠密之处，燃放烟火及一切火器者 … 38
第三款　发现火药及一切能炸裂之物，不告知公安局所者 … 38
第四款　未经公署准许，携带凶器者 … 38
第五款　散布谣言者 … 38
第六款　于人家近傍或山林田野，滥行焚火者 … 39
第七款　当水火及一切灾变之际，经公署令其防护救助，抗不遵行者 … 39
第八款　疏纵疯人，狂犬或一切危险之兽类，奔突道路或入人第宅及其他建筑物者 … 39

第三章　妨害秩序之违警罚（第33—37条） … 40
第三十三条 … 40
第一款　违背法令章程，营工商之业者 … 40
第二款　违背法令章程，开设戏园及各种游览处所者 … 41
第三款　旅店确知，投宿人将有刑法上重大犯罪行为，不秘密报告公安局所者 … 41
第四款　旅店确知，投宿人将有刑法上重大犯罪之举动，不秘密报告公安局所，尚未达刑法第162条之犯罪者 … 41
第三十四条 … 44
第一款　婚姻出生死亡及迁移，不依法令章程，报告公安局所者 … 45

第二款　建筑物之建筑修缮，不依法令章程呈报公安局所准许，擅兴土木或违背公署所定图样者 ………………………………… 45

第三款　旅店会馆及其他供人住宿之处所，不将投宿人姓名年龄籍贯住址职业及来往地方登记者 ……………………………… 46

第四款　群众会合，公安局所有所询问，不据实陈述或命其解散不解散者 ……………………………………………………… 47

第五款　死出非命或发见来历不明之尸体，未经报告公署勘验，私行殓葬或移置他处者 ……………………………………… 47

第三十五条 ………………………………………………………………… 47

第一款　于私有地界外建设房屋、墙壁、轩槛等类者 …………… 48

第二款　房屋及一切建筑物势将倾圮，由公署督促修理或拆毁，而延宕不遵行者 ……………………………………………… 49

第三款　毁损路旁之植木、路灯或公署物品者 …………………… 49

第四款　于学校、博物馆、图书馆及一切展览会场或其他供人居住之处所，聚众喧哗，不听禁止者 …………………………… 49

第五款　于道路或公共处所擅吹警笛者 …………………………… 50

第六款　于道路或公共处所高声放歌，不听禁止者 ……………… 50

第七款　于道路或公共处所，酗酒喧噪或醉卧者 ………………… 50

第八款　于道路或公共处所口角纷争，不听禁止者 ……………… 50

第九款　于禁止出入处所擅行出入者 ……………………………… 51

第十款　潜伏于无人居住之屋内者 ………………………………… 51

第十一款　深夜无故喧嚷者 ………………………………………… 51

第十二款　借端滋扰铺户及其他营业处所者 ……………………… 51

第十三款　经公署定价之物，加价贩卖者 ………………………… 52

第十四款　凡夫役佣工车马等，预定佣值、赁价，事后强索加给或虽未预定，事后讹索至惯例最高额以上或中道刁难者 ………… 52

第三十六条 ………………………………………………… 52

　　第三十七条 ………………………………………………… 53

第四章　妨害公务之违警罚（第 38 条）……………………… 54

　　第一款　于公署及其他办公处所喧哗，不听禁止者 ……… 54

　　第二款　除去或毁损公署或公务员所发布告，尚非有意侮辱者 …… 54

第五章　诬告、伪证及湮灭证据之违警罚（第 39 条）……… 56

　　第一款　诬告他人违警，或伪为见证者……………………… 56

　　第二款　因曲庇违警之人，故意湮灭其证据或捏造伪证者 ……… 57

　　第三款　藏匿违警之人或使之脱逃者 ………………………… 57

第六章　妨害交通之违警罚（第 40—42 条）………………… 58

　　第四十条 …………………………………………………… 58

　　　第一款　妨碍邮件或电报之递送，情节轻微者 …………… 58

　　　第二款　损坏邮务专用物件，情节轻微者 ………………… 58

　　　第三款　妨碍电报电话之交通，情节轻微者 ……………… 59

　　第四十一条 ………………………………………………… 60

　　　第一款　于私有地界内当通行之处有沟井及坑穴等，

　　　　　　　不设覆盖及防围者 …………………………………… 61

　　　第二款　于公众聚集之处或弯曲小巷驰骤车马或争道竞行，

　　　　　　　不听阻止者 …………………………………………… 61

　　　第三款　各种车辆不遵章设置铃号或违章设置者 ………… 61

　　　第四款　未经公署准许于路旁河岸等处，开设店棚者 …… 62

　　　第五款　毁损道路桥梁之题志及一切禁止通行、指引道路之

　　　　　　　标识等类者 …………………………………………… 62

第六款　渡船桥梁等曾经公署定有一定通行费额，于定数以上私行浮
　　　　　　收或故阻通行者 ………………………………………………… 62
　第四十二条 ……………………………………………………………………… 62
　　第一款　于渡船桥梁等应给通行费之处，不给定价，强自通行者 …… 63
　　第二款　于路旁罗列商品玩具及食物等类，不听禁止者 ……………… 63
　　第三款　滥系舟筏致损毁桥梁堤防者 …………………………………… 64
　　第四款　于道路横列车马或堆积木石薪炭及其他物品，妨碍行人者 … 64
　　第五款　于道路遛饮车马或疏于牵系，妨碍行人者 …………………… 64
　　第六款　并行车马妨碍行人者 …………………………………………… 64
　　第七款　并航水路妨碍通船者 …………………………………………… 65
　　第八款　将冰雪尘芥瓦砾、秽物等类，投弃道路者 …………………… 65
　　第九款　于道路游戏不听禁止者 ………………………………………… 65
　　第十款　受公署之督促不洒扫道路者 …………………………………… 65
　　第十一款　车马夜行不燃灯火者 ………………………………………… 65
　　第十二款　息灭路灯者 …………………………………………………… 66
　　第十三款　于谕示禁止通行之处，擅自通行者 ………………………… 66

第七章　妨害风俗之违警罚（第43—45条） …………………………… 67
　第四十三条 ……………………………………………………………………… 67
　　第一款　游荡无赖行迹不检者 …………………………………………… 67
　　第二款　僧道恶化及江湖流丐，强索钱物者 …………………………… 68
　　第三款　暗娼卖奸或代为媒合及容留止宿者 …………………………… 68
　　第四款　召暗娼止宿者 …………………………………………………… 68
　　第五款　唱演淫词，淫戏者 ……………………………………………… 69
　第四十四条 ……………………………………………………………………… 69
　　第一款　污损祠宇及一切公众营造物，情节尚轻者 …………………… 69

第二款　污损他人之墓碑者 …………………………………… 70

   第三款　当众骂詈嘲弄人者 …………………………………… 70

   第四款　当众以猥亵物加人身体，令人难堪者 ……………… 70

   第五款　于道路叫骂不听禁止者 ……………………………… 71

 第四十五条 ……………………………………………………………… 71

   第一款　于道路或公共处所，为类似赌博之行为者 ………… 71

   第二款　于道路或公共处所，赤身露体及为放荡之姿势者 … 72

   第三款　于道路或公共处所，为狎亵之言语举动者 ………… 72

   第四款　奇装异服有碍风化者 ………………………………… 72

第八章　妨害卫生之违警罚（第 46—49 条）………………………… 73

 第四十六条 ……………………………………………………………… 73

   第一款　未经公署准许，售卖含有毒质之药剂者 …………… 74

   第二款　于人烟稠密之处，开设粪厂者 ……………………… 74

   第三款　于人烟稠密之处，晒晾或煎熬一切发生秽气之物品，
           不听禁止者 ……………………………………………… 74

   第四款　售卖春药堕胎药，及散布此等告白者 ……………… 75

   第五款　以符咒邪术，医疗疾病者 …………………………… 75

 第四十七条 ……………………………………………………………… 75

   第一款　应加覆盖之饮食物不加覆盖，陈列售卖者 ………… 75

   第二款　搀杂有害卫生之物质于饮食物而售卖，借牟不正之利益者 … 76

   第三款　售卖非真正之药品或深夜逢人危急，拒绝卖药者 … 76

 第四十八条 ……………………………………………………………… 76

 第四十九条 ……………………………………………………………… 77

   第一款　毁损明暗沟渠，或受公署督促不行浚治者 ………… 77

   第二款　装制粪土秽物经过街道不加覆盖，或任意停留者 …… 78

第三款　于商埠繁盛地点任意停泊粪船者 ………………… 78
　　第四款　以秽物或禽兽骸骨，投入人家者 ………………… 78
　　第五款　于道路或公共处所便溺者 ………………………… 78
　　第六款　污秽供人所饮之净水者 …………………………… 79

第九章　妨害他人身体、财产之违警罚（第50—52条）………… 80
　第五十条 ……………………………………………………………… 80
　　第一款　加暴行于人或污秽人之身体，未至伤害者 ……… 80
　　第二款　以不正之目的施催眠术者 ………………………… 81
　第五十一条 …………………………………………………………… 81
　　第一款　解放他人所有牛马及一切动物者 ………………… 81
　　第二款　漏逸或间隔蒸气、电气或煤气，未至生公共危险者 …… 82
　　第三款　解放他人所系舟筏，未至漂失者 ………………… 82
　　第四款　强买强卖物品书类，迹近要挟者 ………………… 82
　第五十二条 …………………………………………………………… 83
　　第一款　无故强人面会，而追随他人之身傍，经阻止不听者 …… 83
　　第二款　无故毁损邸宅题志、店铺招牌及一切合理告白者 …… 83
　　第三款　任意于人家墙壁或建筑物，张贴纸类或涂抹画刻者 …… 84
　　第四款　在他人地内私掘土块石块，情节轻微者 ………… 84
　　第五款　采折他人之树木花卉或菜果者 …………………… 84
　　第六款　践踏他人田园，或牵人牛马者 …………………… 85

附则（第53条）………………………………………………………… 86

附　录

首都警察厅办案须知 …………………………………………………… 89
　甲　人民报案（告诉、告发）之收受 …………………………… 89

乙	搜捕押送之手续 ……………………………………	90
丙	侦讯处理 ……………………………………………	92
丁	案件之解送及呈报 …………………………………	94

刑事诉讼法　摘要 …………………………………………… 96
刑事警察用语　摘要 ………………………………………… 104

汪文玑先生学术年表 ………………………………………… 106
通过警察法的社会引导和控制
　——《现行违警罚法释义》导读 ………………… 王鹰　108

《中国注释法学文库》编后记 …………………………… 115

警察职务

在时时警备,时时察访

保护地方公共秩序,增进人民安宁幸福

序 一

稽警察之历史，盖自十八世纪以降，欧洲二三先进国，始见斯制之发达，其在古代，警察之职务，虽非全无，然率混合于军队之中，未尝离开而独立，至于行政警察，与司法警察，混淆不一，更无俟论矣。

自警察之有独立制度也，于是社会普通之秩序安宁，于斯寄焉。为求达维持秩序安宁之目的，于是警察罚则，亦从而发生；违警罚法者，即警察罚则之主要法规也，然在国家诸公法中，如刑事法律，其起源甚古，而所规定者，又属较巨之事；故人民易于遵守。若违警罚法之内容，其关于秩序安宁之易见者，固赅括无遗，乃至言笑动作，以及饮食服装之微，悉胪举焉。其所规定者，既涉及细微之事，而斯法又为近世之产物，故人民每易忽而犯之，夫以与人民生活关系最切之法规，而人民乃忽焉而易触犯，微特于维持公共安宁秩序之目的，时有障碍也；抑亦无以保持法律之尊严。故欲发挥斯法之效力，与权威，非先使家喻户晓焉不可也。

汪君定华有见于此，取现行违警罚法，条分缕析，著为违警罚法释义一书，一读之而知斯法之精意焉。项征序于余，余维违警罚法，为警察行政最要之法规，得此书推而阐之，则行法与守法者，皆可资之以保法律之尊严也；故为表而出之。使留心斯法者知所借镜焉。

吴 贯 因

序　二

　　自民国四年（1915年）十一月间，前北京政府公布违警罚法后，余即编成释义一书，迭经再版，计已五次，中间因售罄后，无暇顾及，未能接续出书，以应需求。民国十四年（1925年）之秋，余自欧洲归国，曾在北京东安市场书肆，发觉改头换尾之翻印本，为免繁琐，未与计较。民十七年（1928年）七月国民政府公布违警罚法，内容大体如旧，条文间有增改，各处书肆为应需求，纷请订正再版，友人复以书肆抄袭印行之违警罚法释义见示，不得不勉为删改。公余执笔，时作时辍，匆促蒇事，或不免疏漏之处，尚希读者指教。惟本书于旧违警律，及旧违警罚法，以至于现行违警罚法，其间因革损益，则于各该条中均已详为说明。法律之时代性，与立法之进化如何，均可于此觇之矣。固不仅供适用者之参考已也。

编者　识

例 言

一 本书照国民政府公布之违警罚法，依条文次序，详晰注释，以期了解，凡研究本法所应知之原理原则，概于绪论中述之，以明本法之特质。

一 本论于各条文有特具之意义者，则别为节目；其相类者，则统于一节；但仍分款说明，第二章以下，条文本为列举性质，不再另分节目，以免繁复。

一 本法与刑法极有关系，违警行为足以涉及刑事犯罪者，在本法中此类条文，不胜枚举，本书于各该条说明中特加注意，并举国民政府现行刑法条文，以资参证。

一 本书解释条文字句，力求显明；条文易滋疑问者，说明更务求详尽；如解释中涉及法学专门名词，亦必加以说明，以求通俗，非好为费词也。

绪论

第一章　违警罚法之沿革

我国古代，虽无违警明文，而惩罚所至，稽诸载籍，则又有可征者；考周礼设司救及野庐氏等官，严三让之条，罪勿宥于细故；肃四畿之令，禁尤厉于惩奸。杜渐防微，纳民轨物，觿挞之诛，由来旧矣。逮汉以还，互见刑律，其事理有未尽者，则设"不应为"条以概之。

满清宣统元年（1909年）[1]，创办警政，始颁行违警律。民国四年（1915年），北京政府改名违警罚法，内容略有修改，国民政府复加改正，仍名违警罚法，于民国十七年（1928年）七月二十一日公布，条文实质如旧，仅形色上字句略有修改耳。

---

[1] 光绪三十一年（1905年），全国统一创办警政。光绪三十二年（1906年），颁行《违警罪章程》。光绪三十四年（1908年），颁行《大清违警律》。见上海商务印书馆编译所编纂：《大清新法令》（1901—1911年）点校本，第三卷，商务印书馆2010年版。

第二章　违警罚法之意义

违警罚法者，规定违警行为，与违警罚则，及其关系之法规也。违警行为，本法列举綦详，质而言之，大要可别为积极的与消极的二种：积极的（即行为的）违警行为者，违犯本法禁止的规定之违警行为也。例如：于禁止出入处所，擅行出入者是也。消极的（即不行为的）违警行为者，违犯本法命令的规定之违警行为也。例如：车马夜行，不燃灯火之违警是也。

违警罚则，依本法所定有主罚从罚之分（第十三条）：主罚，有（一）拘留，（二）罚金，（三）训诫之三种。从罚，亦有（一）没收及，（二）停止营业，（三）勒令歇业之三种。（详见第十三条说明）

所谓违警与罚则之关系者，依其违警行为之程度，而处以相当之罚则者之谓。如：散布谣言之违警行为，处以十五日以下之拘留，或十五圆以下之罚金之规定是也。

此为狭义解释，专就本法言之。其他一切关于警察之法令章程，凡有罚则规定者，以广义言，亦有违警罚法之性质，然不在本书范围内也。比较以观，则本法之意义，可瞭然矣。

第三章 违警罚法之立法例

东西各国关于违警罚法立法之惯例，约而言之，可别为三：

（一）以违警罚规定于刑法之中，不另订违警单行法典者；如：纽约、芬兰等刑法是也。

（二）因罚之重轻而为违警之分类者；如：法兰西、墨西哥、德意志等是也。

（三）因违警之性质，而为违警罚之分类者；如：奥大利、匈牙利、意大利、比利时、荷兰、那威等国是也。

第一说，以违警罚为轻微之刑事犯罪，故以违警罚法融会于刑法之中，然究不若单行之便利。

第二说，易记刑之轻重，而不能记其罪之性质。

第三说，易知其性质，而不能知其罚之重轻。

各国最新法典，以采用第三说者为多；盖因违警罪之豫防，搜查及逮捕，当其冲者，实为警察；警察之法学知识，自难求其完备；使其易于记忆，不如由性质区分较为适合。本法亦从多数立法例，采第三说；区分款目，则间采第二说。

第四章　违警之即决

即决云者，不用正式裁判，只听被害人或告发者之陈述，查明凭证，即时判决之谓。警察官吏，于其管辖地内发觉违警之场合，有即决之职权；对此即决，能否再请求正式裁判，实一疑问，满清违警律施行办法，则暂时认为行政处分，不服即决，不得再向审判衙门呈控，本法并无明文规定；但纵认为行政处分，如果处分不当或违法，固不妨提起诉愿或诉讼也。诉愿者，人民对于行政官署之处分，不当或违法（损害人民利益或权利），向直接上级行政官署呈请纠正之谓；如再不服，可提起再诉愿；至中央或地方最高级行政官署，则为最终之决定，不得再为诉愿之提起；然此仅指不当处分言之，若为违法处分，如不服最终之决定，仍可提起行政诉讼也。

行政诉讼云者，人民对于官署之违法处分，以致损害权利，或曾提起诉愿，不服最终之决定，提起行政诉讼请求纠正之谓也。

日本对于违警之即决，如有不服，可请求正式裁判，请求手续，先递声请书于为即决判定之警察官署。警察官署受此声请书，须于四小时内，送致关于诉讼之一切书类，于警罪裁判所之检察官。请求期限，通常为三日以内，被告人缺席之即决，则展限为五日以内，于期限内不请求正式裁判，即为确定。确定后，非经正式裁判，不得上诉。特并揭之，以备参考。

第五章 违警罚法之解释

违警罚法，亦刑事法之一种，当然同于刑法，不许为类推解释。本法第二条规定无正条者，不论何种行为不得处罚，即不许类推解释之明示也。类推解释者，即比附援引之谓；例如：本法第三十五条第二款，房屋及一切建筑物势将倾圯，由官署督促修理或拆毁，而延宕不遵行者之规定，所谓房屋及建筑物，界限本极分明，不能类推之于将倒树木；然此种情形，警察人员固有命其防止或除去之之权，要不能科以违警罚也。至类推解释，与当然解释又有别；例如：第五条第八款，仅云牵入牛马，则牵入驼驴，当然适用，此则法理上所许者也。

第六章 违警罚法与刑法之关系

本法所列举之行为，其情节若较重大，大都皆足以构成刑法上之犯罪，故有认违警罪为轻微之刑事犯罪者，以违警罚法不过为一种轻微犯罪之刑法，应附丽于刑法之中；在昔东西各国，主张此种学说者颇多，故其刑法亦往往附有违警罪之规定，如：纽约、芬兰及日本旧刑法等皆是也。近时学说则多非议之，以在事实上为违警察之目的，究不若单行之便利，且违警之性质，与刑法上之犯罪，究不能无区别，本法亦采多数立法例，析出单行，惟条文中关系于刑法上之规定者颇多，以后当于各该条中说明之；分别性质，以免适用之错误，则惟有就临时发生之事实缜密鉴别之耳。

第七章　违警罚法与其他警察法规之关系

　　违警罚法与其他警察法规，在警察法中一部分言之，则有普通与特别之分，实为其关系中最切要者，违警罚法，警察法中之普通法也，户口调查规则，及铁道警察、森林警察等之警察法规，以及各省就地方情形所定之各种警察章程等，在警察法规中则为一种特别法规，此种特别法规，不得与本法相抵触，例如：未具本法所定之责任年龄，则虽违犯特别法规，亦不能加以罚之制裁，此其关系之最著者也。又如：婚姻，出生，死亡，迁移，本法有呈报之明文，则在户口调查规则，应有相当之规定，其他类此相互之关系，不暇枚举。质而言之，各种警察法规，如无特别明文，均应同受本法之支配，其关系之密切，盖亦从可知矣。

本 论

第一章 总纲（第1—31条）

我国古代法律，如：李悝法经，萧何汉律，皆有具法；魏晋之律，则为刑名法例；隋唐宋元明清，则皆以名例冠诸首章；惟清于新刑律始名总则，在违警律则曰总例，本法则又名为总纲。名虽各异，而其义则一；盖总纲为本法之纲领，举凡一切通则，无不赅载，若不具备本法总纲所规定之一般违警之要件，例如：心神丧失人虽违犯第二章以下违警特别要件之规定，而依总纲第四条则仍不得罚之也；又适用第二章以下之法文，不得与总纲背驰；如：第十七条停止营业，其期间为十日以下，则科停止营业之罚者，其期间不得过十日，故曰，总纲为本法之纲领。

第一节 违警罚法之效力

第一条 本法如违警在本法施行后者，适用之。

本条规定关于时之效力。违警在本法施行以后者，适用本法，此为法律不溯既往之大原则；与第二条无正条者，不论何种行为不得处罚之原则相辅而行。施行，即实行之谓。公布之日，即施行之期（第五十三条）。其违警行为在本法施行以前，已经发觉，当然适用旧违警罚法，固不待言；若发觉在本法施行以后者将如何处分乎？关于本问题在刑法上立法例，大要可别为二：

（一）从轻处断主义　比较新旧二法，从其轻者处断之谓：比、法、德、匈、荷兰、日本等刑法皆采用之。我国刑法第二条规定"犯罪时之法律,与裁判时之法律遇有变更者,依裁判时之法律处断,但犯罪时法律之刑较轻者,适用较轻之刑",即从轻处断主义也。

(二)从新处断主义 不分新旧二法之轻重,概从新法处断之主义;英国,即采此主义者也,本法无明文规定,惟新违警罚法与旧法所定之罚则,并无变更,则在适用上自不致有若何困难也。

至关于人之效力,因国内法及国际法之关系,不无例外,如:本国之元首及有治外法权之外国公使,受公使治外法权保证之从者及其家属,以及有领事裁判权之外国人是也。

关于地之效力,当然限于本国,关于事之效力,当然限于违警,涉于刑法者,自不能适用也。

第二节 非违警行为

第二条 本法及其他法令,或法令所认许之警察章程,无正条者,不论何种行为,不得处罚。

本条规定法律无正条者,不论何种行为,不得处罚。其他法律教令,如:户口调查规则等;其他法令所认许之警察章程,如:内政部公布之各种警察章程,以及各省所定之各种警察章程,为法令所认许者是也。此种单行章程,同受本条之制限,无正条者不得处罚;盖即刑事法上不许比附援引之大原则也,若于法律无正条之行为,警察官吏,得以己意比附类似之条文,致人于罚;不独侵犯立法大权,且以律无明文之事,忽援类似之罚;是无异以机阱陷人,而法之信用亦随地矣;不肖官吏从而滥用职权,恣意出入,其弊更不堪言;此所以与刑律同采法定主义也。

第三节　免责之违警行为

前节所说明者，本非违警行为，自无所谓处罚，本节所说明者，其行为本为违警，惟因有特别原因，法律亦特免其负处罚之责任；如：未达责任年龄，或已达责任年龄，而失其能力者，以及出于紧急避难，或无力抵抗之违警行为，本法特免其罚，而以其他之方法处置之者是也。依条文次序分款说明于下：

第一款　未满十三岁人之违警

第三条　未满十三岁人违警者，不处罚；但须告知其父兄，或抚养人，责令自行管束。

前项之违警者，若无从查悉其父兄，或抚养人时，得依其年龄施以感化教育，或送交收养儿童处所教养之。

本条与次条同为规定无责任能力者之违警处分。责任能力者，谓对于外部负责任之精神状态，精神未成熟或不健全，则在刑事法上称之为无刑事责任能力；未达一定年龄，精神尚未成熟，不能辨别是非，自不能与成人同罚。

年龄问题，各国制度互异，绝对无责任之年龄。迟早不同，各视其国普通知识发达之程度而定；前北京政府公布之刑律第十一条规定满十二岁为刑事丁年，系采德意志、匈牙利、巴那非亚等国之制；旧违警罚法同于刑律，亦明定为满十二岁，国民政府公布之新违警罚法，改为十三岁。新刑法亦定十三岁为刑事丁年（刑法三十条），盖违警行为，虽较刑事犯罪为轻，而幼年辨别，实较刑事犯罪为难；与刑事丁年同归一律，庶不致于两歧，不可谓非适当规定也。

且对于年幼之人，以教为先，须足以涵养其德性，感化其恶习，何可骤加处罚，伤其廉耻，然绝对置之不问，亦非保民之道，宜斥其违警之非，晓以不罚之由，告知其父兄或抚养人，责令严加管束，俾不致于再犯，以诱起其感奋悔过之心，"但书"之旨，盖在于此。

后项规定幼年违警无人管束者之处置，所谓依其年龄者，如在八岁以上，已达教育年龄，则宜送致感化教育之特别学校，盖幼年之违警者，既无从查悉其父兄，或抚养人，若从而放任之，则幼为孤儿，长为游民，为害于社会国家者滋大；故文明国家大都特设感化院，以代其父兄培养其德性，英、日等国，尤为发达，有国立、公立、私立，三种；其组织兼家庭学校两种性质，以五六人或八九人为一组，如父子兄弟然；有父兄者亦许入院，以院中职员代行使其亲权；而同时废止其有亲权者，膳宿衣服书籍等均由院中供给，教以德育智育体育，及使之为相当之劳动，与以自立之技能；俾足自食其力，而不致为无业之游民；良法美意，诚无逾于此者。

若在八岁以下，则送致于儿童收养处所；如：保育院、惠儿院，以及育婴堂等，为之保育，正其德性，所全者多矣，感化院等之设置，实为社会互助事业之要务，所望有司及慈善家亟起图之耳。

抚养人，指父兄以外负抚养责任者而言，例如：无父无兄之孤儿，或由其父兄在日所付托，或由亲族会议之推选，代其父兄负抚养之责任；此代为抚养之人，即所谓抚养人是也。

第二款　心神丧失人之违警

第四条　心神丧失人违警者，不处罚，但应告知其父兄，或监护人，责令自行管束。

前项之违警者，若无从查悉其父兄或监护人时，得酌量情形送入相当病院，或心神丧失人之监置处所。

本条规定心神丧失人违警行为之处分，所谓心神丧失者，本性丧失，神思错乱，如：痴与疯狂等病是也。此种心神丧失人之行为，出于疾病，并非其人之本性，纵严加处罚，亦无效果；且法律亦断无罚其疾病之理，此各国刑事法所以同免其责任也；然不处罚，非不干涉之谓；应告知其父兄或监护人，责令严加管束，若无从查悉其父兄或监护人时，酌量情形，应医治者，宜送致于相当病院，投以药食，以期疗治之得痊；或送致于心神丧失人之监置处所，免滋事端；盖监置亦即所以保护之也；是否为心神丧失人，如发生争议，除由专门医生诊断外，固无他道也。至于有间断之心神丧失人，时发时止，其间断之时，本与常人无异，如有违警行为，是否处罚，新法虽将旧违警罚法"但精神病间断时间之行为，不在此限"删去，但违警原因，既与病态无关，似不宜轻予免除也。

第三款　因紧急危难之违警

第五条　因救护自己，或他人，紧急危难，出于不得已之行为，致违警者，不处罚；但其行为过当时，得减本罚四分之一或二分之一处罚。

本条包含正当防卫及紧急避难而言，其要件可分为二：

（一）因救护自己或他人紧急危难。

（二）出于不得已之行为。

虽因救护自己或他人紧急危难，而非出于不得已之行为者，仍应处罚，所谓因救护自己或他人之紧急危难者；例如：在道路擅吹警笛（三十五条五款）。本应处罚；若因自己或他人陡被劫夺，急迫之际，不得已而吹警笛，固可不罚之也。又如因他人燃放烟火，自己或他人之房屋将有发生火灾之患，则禁止之，或报告警察加以惩罚，均无不可；乃竟加以暴行，是过当也。不加处罚，有失于纵；然祸自外来，究不无可减之理；此但书之所以规定得减也。得减云者，非必减之谓；可减可不减，不妨酌量定之。他人二字，指自己以外之人而言，亲疏可不问也。

所称"本罚四分之一或二分之一"，系指各本条所定拘留期间罚金数目四分之一或二分之一而言。旧违警罚法规定加重减轻均用一等或二等字样，所称一等旧法第二十三条定有解释，"指各本条所定拘留期间罚金数目四分之一而言"，本法于各该条应加减者已明定四分之一或二分之一，故于第二十三条已将称等之文例删除，新刑法加减亦以二分之一或三分之一为准，不复袭用旧刑律以等为加减，本法之修正，盖与新刑法同一例也。

第四款　因无力抗拒之违警

第六条　凡为人力，或天然力所迫，无力抗拒，致违警者，不处罚。

本条规定因无力抗拒之违警行为。盖无力抗拒之违警，其行为虽由己出，而其所以出之者，实由外来之力有以迫之，与前条正当防卫及紧急避难情形不同；非为驱除外来之侵害，乃出于自己力所不能抵抗之人力强制，或天然力所迫。如：水、火、雷震、及其余自然之厄，不得已而为之者，法律不加以罚，实为不责人以所不能之原则；若力足以抵抗而不抗拒，致违警者，仍应处罚，以法文明定无力抗拒也，如何程度始得谓之无力抗拒？则惟有就事实之状态而决定之。

第四节　违警之未遂

第七条　违警未遂者，不处罚。

本条为违警未遂不处罚之规定；违警未遂者，对于本法第二章以下所列举之违警行为，已着手而未完结，或已完结而未生既遂之结果，或因意外之障碍不遂者皆是。意外障碍，出于自然，或出于人力，均可不问，违警行为轻于刑法上之犯罪，刑法于未遂罪不尽加以制裁；且有减轻明文（刑法第三十九至四十一条），违警未遂，事实轻微，自无处罚之必要也。

第五节　累犯之加罚

第八条　因违警处罚后，六个月以内，在同一管辖地方，再犯者加本罚四分之一处罚，三犯以上者，加本罚二分之一处罚。

第三条第一项，及第四条第一项之违警者，于告知其父兄，抚养人，或监护人后，六个月以内，在同一管辖地方，再犯者，处其父兄，抚养人，或监护人，以应得之罚。

依前项规定处罚者，以罚金为限。

本条为累犯加罚之规定，第一项为本人负责之累犯；第二项为本人不负责之累犯；分款说明于下：

（一）本人负责之罪犯——本人曾因违警身受其罚；于六个月以内，在同一管辖地方再犯违警者是也。本款累犯之成立要件，分述于下：

第一要件，本人曾因违警处罚。

本人自身曾因违警处罚，为本款第一条件；非本人自身曾因违警处罚，不得谓为再犯，本人自身所曾犯者，非违警行为，而为刑法上之处分，亦不得谓为违警之再犯也。

第二要件，处罚后六个月以内。

处罚后六个月以内者，自拘留释放后，罚金缴纳后起算，在六个月期间以内之谓。已过六个月，复有违警行为，本法不认为再犯；盖人情于自身所受之痛苦，在短其间内，必能记忆；乃不谨束其行为，而复敢于再犯，自非加等不足以示惩罚；所以酌定为六个月者，立法者推测一般人民之脑力，及其罚之分量而酌定之耳。

第三要件，在同一管辖地方。

所谓同一管辖地方者，当以警署最小管辖区域为限，人情于身受苦痛之地，感触较强，其悔悟亦较易，不鉴前车，敢蹈覆辙，非严惩不足以见效；且在同一管辖地方，巡警人员，对于地方违警之人，是否再犯，容易觉察，若管辖地不同，不独巡警署所无案可查，当事者亦有以易地之故，而遂忘其所以者；本法所以设此地域之规定也。

合上述之要件，始为再犯，应加本罚四分之一处罚；三犯以上乃至四犯、五犯均加本罚二分之一，盖以加重二分之一，为违警罚累犯加重之最大限度也。

于此有疑问者，即违警之种类，是否须同一之问题是也；例如：初犯为妨害安宁之违警；再犯为妨害秩序之违警；是否成为再犯之问题是也。学说颇有异同；以本条法文言，则是否同一，可不问也。

（二）本人不负责之累犯——本款受罚之主体，与前款不同，前款为违警者自身，本款则为违警者之父兄，抚养人，或监护人，故构成本款之要件，与前款自不无异同；分述于下：

第一要件，曾受违警告知之父兄，抚养人，或监护人。

未满十三岁人之违警，其父兄或抚养人应负其责（第三条一项）；心神丧失人之违警，其父兄，或监护人，应负其责（第四条二项）；故对于未满十三岁人，或心神丧失人之违警，应告知其父兄，抚养人，或监护人，责令自行管束；父兄，抚养人，或监护人受告知后，即有防止其不再犯之义务；本条规定再犯，罚其父兄，抚养人，或监护人欲其知所儆戒者，不敢怠于管束；间接即所以保护幼年及心神丧失人，免致放荡不谨，致滋流弊也。

第二要件，告知后六个月以内。

期间与前项同，所异者一为处罚后，一为告知后，盖以违警之主体不同故也。

第三要件，在同一管辖地方。

此与前项无异，无俟说明。

本条第二项之罚，须具备上述三要件，盖未满十三岁人或心神丧失人之违警，其父兄，抚养人或监护人，既受违警之告知，宜如何严加管束，以防止其将来之再犯；乃于六个月以内，在同一管辖地方，复有再犯之行为，其训戒不力，管束不严可知；自宜处以应得之罚，所谓应得者，即依各本条所定之罚，但究非自犯者可比，此第三项所以明定以罚金为限也。

第六节　违警之并合

第九条　违警行为，同时涉及本法所列二款以上者，分别处罚。

本条为违警行为之并合，宜如何处罚之规定，各国刑事法上，关于并合罪之处分有三主义。

（一）并科主义——此主义依所犯各条，各科其罚；虽合一罪一刑之原则，然不免有过重或不能绝对贯彻之嫌；此制，近惟巴西采之。

（二）吸收主义——虽犯数罪，但仅罪其最重者，余不罚之；此主义以犯数罪者，与犯一罪者被同一之刑，未免有失公平；犯者因此且将更犯其他稍轻之罪，或代人承受其他稍轻之罪以图利，不啻劝导其犯罪，奖励其为恶事也。

（三）折衷主义——此主义即折衷上述二主义，以求免于缺失，而其方法则又可别为二：

甲形式的折衷——或采吸收主义，或采并科主义，视其罪质之轻重而定；如：日本旧刑法，关于轻重数罪之场合，则用吸收主义；在违警罪则采并科主义；其不能救上述二主义之缺点。无待言也。

乙精神的折衷——就上述二主义，取长去短，而别为一主义；分析之，则又可别为二种：

子加重吸收主义——依并科主义之原理，采吸收主义之优点，而别为一主义。以数罪中最重之刑为标准，而特加重之者是也，此法虽属简单，然不免违反一罪一刑之原则。

丑制限并科主义——此主义以采用并科主义为原则，而特加以制限，以救其弊，为今日最新之主义，我国刑法采之。

就本条文而论，似纯粹采用并科主义者，其实不然；观本法第二十二条之明文，依第九条之规定处罚者，拘留不得逾三十日，罚金不得逾三十元之规定，仍为制限的并科主义也明甚；且依第十三条第一、第二两款之规定，拘留为十五日以下，罚金为十五元以下，是已增至一倍，殆已足蔽其辜；本法仍依旧违警罚法别为两条，不若旧违警律定为一条之便利也。

第七节　违警之共犯

共犯者，二人以上共同之行为，而成立一种之违警罪者是也，其无意思联络者，虽发生共同之结果，不得谓之共犯；事后与以助力者，亦不得谓之共犯；共犯之区别，可自其成立上责任上观察而得，分述于下：

（甲）自其成立上区别之，可分为二：

子任意的共犯——不必数人共同之行为，而数人犯之者是也。

丑必要的共犯——必须数人共同，而始能成立犯罪者，为必要的共犯，如：类似赌博以及骚扰等违警行为是也。

（乙）自其责任上区别之，则可分为三种：

子正犯，丑从犯，寅造意犯等之区别。兹依条文顺序。分款述之：

第一款　正犯及从犯

第十条　二人以上共同实施违警行为者。皆为正犯，各科其罚。帮助正犯者，为从犯，得减本罚四分之一处罚。

本条为共同犯之正犯，及从犯之规定。一人犯罪，无所谓正犯从犯也；即二人以上之人，若在刑事法上，均不具责任能力，法律上不认为共犯，仅一人有责任能力，在法律上亦仍认为单独犯，而不认为其为共犯也，共同实施，亦为不可分离之一要件，仅共同而不实施。不得均目之为正犯，实施而不共同，亦不得谓为共同犯之正犯；共同实施违警之行为，须各自分担成立违警行为之要素；其违警虽为一种，而以不法行为之责任言，则实各负其全部之责任；准此理由。此本条所以各科其罚也。

至于从犯与共同正犯之区别，举说颇不一致：

（甲）主观说——以出犯罪之意思者为正犯，附随者为从犯；此说不问事实上之结果，殊不合于法理。

（乙）客观说——谓与以重要助力者为正犯，否则为从犯；此说难较胜于主观，然仍不免有标准难定之憾。

（丙）折衷说——则以仅为预备之行为，或帮助主张犯意之正犯者，为从犯；此为最新之学说，本法之所采用者也。

本条规定帮助正犯者，为从犯；所谓帮助，其犯情自较正犯为轻，处罚应予轻减，此固各国立法例之所同然也。

第二款　造意犯及准造意犯

第十一条　唆使他人实施违警行为者，为造意犯，准正犯论。唆使造意犯者，准造意犯论。

本条为造意犯及准造意犯之规定。唆使他人实施违警行为者，他人本来绝无违警之意思，因唆使者之教唆指使，而始实施违警行为者是也。其实施违警行为之意思，纯为唆使者所造成，故名之为造意犯。夫造意犯不必躬自犯罪，而能实行其犯意，其情实较躬自犯罪者为可恶；故虽不能目为共同实施之正犯，而唆使人实施犯罪之行为，要不能谓为非正犯；此本法所以准于正犯，而与正犯处以同等之制裁也。

教唆之而复使其教唆他人犯罪者，则为唆使之唆使。唆使者为造意犯；唆使之唆使者当然准于造意犯，应与正犯受同一之制裁，此固不易之理；若仅为传达之机关，则又当别论也。

第三款　准从犯

第十二条　唆使或帮助从犯者，准从犯论。

本条为准从犯之规定。从犯之意义，见第十条第二项之说明。唆使见前条说明。所谓帮助，即与以助力之谓。第十条第二项规定帮助正犯者为从犯；唆使或帮助从犯者，自仍不外乎从犯，此本条所以有准从犯论之规定也。

第八节　违警之罚则

第十三条　违警之罚则，为主罚及从罚。

主罚之种类如下：

一　拘留；十五日以下，一日以上。

二　罚金；十五元以下，一角以上。

三　训戒。

从罚之种类如下：

一　没收。

二　停止营业。

三　勒令歇业。

本条规定违警之罚则。法文明示分主罚及从罚二种。主罚者，为本法主要之罚则，凡对于违警者，以科此种之罚为主。从罚者，为附随之罚则，依法文之规定，得与主罚并科之。

主罚之种类有三：

一　拘留　拘留为自由刑之一种，拘置于公安局所（第十四条），使暂失其自由之谓；其最长期为十五日，最短期为一日；因减轻之结果，不满一日，得免除之（第二十三条二项）。如有加重原因，得增最长期之一倍为三十日。（第九条、二十二条）

二　罚金　罚金与没收同为财产刑，本法定最多数额为十五元，最少数额为一角，不及一角得免除之（第二十三条二项）。纵有加重原因，亦不得逾三十元。（第二十二条）

三　训诫　训诫者，训饬之谓；盖冀以教导之方法，感化其顽劣之恶性也；为本法特设之罚则，依本法法文所定，惟于减轻时适用之。（第二十条）

兹有疑问者，除自首减轻以外，其他因情节及心术得减轻二等者（第二十一条），亦得以训诫行之否乎，本法虽无明文，在事实上及利益解释上，余意亦得以训诫行之也。

从罚之种类有三：其性质均为财产刑，分述于下：

一　没收　没收，有全部没收，及特别没收之二种。全部没收，大背刑及一身之原则，即古之所谓籍没，今日各国均已废止，今之所行者，惟特别没收耳。本法所采亦属特别没收，没收之物分为二种：

一供违警所用之物。

二因违警所得之物。

于此有制限者，没收之物，须属于违警者自己所有。非违警者自

己所有之物，应返还于有此物权利之人，不得没收之。（详见第十六条说明）

二　停止营业　停止营业者，暂时停止其营业之谓，其期间为十日以下（第十七条）。在此十日之期间内，得因其情节酌定之。

三　勒令歇业　勒令歇业者，勒令闭歇其营业之谓，为对于营业者累犯同一行为最终之制裁（第十八条）。本法对于营业者之违警行为，先处以停止营业之罚，大都累犯至三次以上者，乃勒令其歇业，无期停止其营业，所以，剥夺其营业之自由也；但不无例外，本法第四十六条第三项规定违犯第一项第二款者勒令歇业；即于人烟稠密之处，开设粪厂，勒令歇业，盖性质使然，否则将不能贯彻罚之旨趣也。（参看第十八条说明）

第九节　拘留之执行

第十四条　拘留于公安局所拘置之。

本条规定拘留之执行。凡公安局所必设有拘留之处所；执行拘留，应拘置于公安局所之拘留所；非公安局所所设之拘留所，不得为拘留之执行。

第十节　罚金之执行

第十五条　罚金于判定后五日以内完纳；若逾期不肯完纳，或无力完纳者，每一元易拘留一日；其不满一元者，亦以一元计算。

依前项之规定，易处拘留后，如欲完纳罚金时，得将已拘留之日数扣除计算之。

本条规定罚金之执行。第一项前段限五日以内完纳，是罚金执行期间，有五日内之犹豫。第一项后段过五日不完纳或无力完纳者，每罚金一元易处拘留一日，实为执行罚金不得已之补救办法，其不满一元，亦以一元计算，无非为事实上便利起见，所谓不满一元之罚金，亦以一元计算者，即不满一元之罚金，亦应易处拘留一日之意也。

第二项规定易处拘留后，如愿缴纳罚金，则已拘留之日数，得扣除计算，扣除后不满一元之余数，应照实数完纳。可不待言。

本法关于处罚各条，均以拘留或罚金并列，拘留期间与罚金，数目亦均相等，或处拘留，或处罚金，警官固可完全自由裁定，但既裁决以后，便不应自由变更也。

第十一节　没收物之种类

第十六条　没收之物如下：

一　供违警所用之物。

二　因违警所得之物。

没收之物。以违警者以外无有权利者为限。

本条规定没收物之种类。供违警所用之物，如擅吹警笛之违警行为（三十五条五款），此笛，即供违警所用之物。又如采折他人之菜果（第五十二条五款），此菜果即违警所得之物，此二种之物，均得没收，但不无制限，第二项规定，没收之物，以违警者以外无有权利者为限是也。因违警所得之物，必常属于他人之权利，固无论矣；即供违警所用之物，如违警者以外别有权利者在，依本条法文之自然解释，亦当然不在没收之内也。

第十二节　停止营业之期间

第十七条　停止营业,其期间为十日以下。

本条规定停止营业之期间。依法文所定,其最长期为十日;十日以下,得自由裁量;所谓有期的停止营业之制裁也。

第十三节　勒令歇业适用之原则

第十八条　勒令歇业,于累犯同一违警行为者,适用之。

本条为适用勒令歇业之规定,加以原则二字,以有例外之规定也。依本条法文之正当解释,则勒令歇业之适用:第一项为累犯,第二项累犯同一违警行为,虽为累犯,若非同一违警行为,则自不能适用。若并非累犯,更无适用之余地,可不待言;但不无例外,本法第四十六条第三项规定违犯第一项第二款者勒令歇业,其第一项第二款之违警,系于人烟稠密之处开设粪厂,在性质上自不能容其再犯,始为勒令歇业之处分,故凡有此违警行为,即须勒令歇业;否则将不能贯彻罚之旨趣,诚至当也。所不解者,前后条文何至抵触若是,以表面言,本条应补加但书;别有规定者不在此例之明文。庶可以免抵触之缺憾;以实际言,本法关于勒令歇业之适用,各该条均有明文,本条殊无规定之必要,尽可删去;余因其有抵触,复为便于标目起见,无以名之,名之曰,适用之原则。按旧违警律原无本条规定,旧违警罚法增订此条,本法业经国民政府修正,而于本条仍未有所修改,想未注意之也。

第十四节　损害赔偿

第十九条　因违警行为，致损坏，或灭失物品者，除依法处罚外，并得酌令赔偿。

　　本条为损害赔偿之规定。盖处罚为公法上之制裁，处罚违警，所以顾全公益，而被害者之私益，自不可不图，所以救济之；此本条所以明定处罚外，并得酌令赔偿也。处罚与赔偿，目的不同，性质各异，不得因赔偿而免罚，亦不得因既罚而免赔偿；固各有其效用在焉。考违警罚法，有采不赔偿主义者，如旧违警律，即无损害赔偿之规定。本法采最新立法主义，明定得酌定赔偿；庶公益私益，两有保护，而与刑法上之损害赔偿，许附带私诉之制，亦两相适合。

第十五节　自首

第二十条　违警者，于未发觉以前，向公安局所自首者，得减本罚四分之一，或二分之一处罚，或以训诫行之，但本法别有规定者，不在此限。

　　向被害人自首，经公安局所审讯者亦同。

　　本条规定自首之处分，未发觉前者，指公安局所未知违警之人以前而言；违警事实之知与不知，可不必问；纵已知有违警之事实，尚未查知其人之时，仍无碍于自首；若于发觉后陈述其违警之行为者，法律上谓之自白，非自首也；故自首依本法，须具备四条件：

一　须本人自己之违警行为——非本人自己之违警，乃先发或告诉，非自首也。

二　须于未发觉前——已发觉后，不得再为自首。说见前。

三　须自行告知公安局所，或自首于被害人——若非出于自己告知，则不得谓之自首。

四　须往公安局所审讯——若仅告知而不受公署审讯者，何从加以罚之制裁，不得谓之自首；如函告罪状，而不开明住址；或开明住址，而不往公安局所审讯，则违警之人究属何人？仍不能确实断定，且足以启人侥幸之渐也。

自首减轻，不特奖励悔过，且可免累及无辜，诚适当之规定也。

但书之规定，如第三十九条第二项有自首免罚之明文，当然不适用本条之减等；故曰，不在此限也。

其自首于被害人，而不经公安局所之审讯者，非本法之所谓自首；不过，如：服礼，谢过，赔偿损害等等耳。

第十六节　酌量加减

第二十一条　审查违警者之素行、心术，及其他情节，得酌量加重，或减轻本罚四分之一，或二分之一处罚。

本条规定酌量加减。素行者，平日之品行；心术者，违警之决心；其他情节，包含事实及他种原因而言；素行谨束，心术纯正，偶尔违警，自应予以酌减；否则亦未尝不可量予加重；素行、心术不可知，亦得审查其情节之重轻，以为加减之依据。立法本意，无非为警官即决留裁量之余地，以求罚得其当耳。

第十七节 并科之制限

第二十二条 依第九条之规定处罚者，拘留不得逾三十日，罚金不逾三十元。

  本条规定并科之制限。若不明示最长期、最多额之制限，则依第九条违警行为，同时涉及本法所列二款以上者，分别处罚之规定，将漫无限制；此本条所以明示之也。

第十八节 主罚之免除

第二十三条 因罚之加减致拘留不满一日，罚金不满一角者，得免除之，主罚免除者，不免除没收。

  本条规定主罚之免除。因罚之加减致拘留不满一日，罚金不满一角者，其余数固可免除，若因减之结果，其全数拘留不满一日，罚金不满一角者，亦得免除，惟主罚虽全部免除，而没收则不因主罚之免除而免除之也，盖没收，为从罚之一，从罚不随主罚为加减，主罚消灭，从罚不随之而消灭；性质不同，旨趣各异也。

  兹再就罚之加减说明之：

  例如违犯本法第三十二条第一款，未经公署准许，制造或贩卖烟火之违警行为，应处十五日以下之拘留，或十五元以下之罚金；因有加重原因，须加四分之一，则应加十五日或十五元之四分之一酌量科断，十五日之四分之一，为三日又十八小时，十五元之四分之一，为三元七角五分，不满一日，免除不计，不满一角，免除不计，与十五日或十五元相加，则为应科十八日以下之拘留，或十八元七角以下之罚金，计算方式如下：

$$15 \div \frac{1}{4} = \frac{15}{4} = 3\frac{3}{4} \text{日}$$

$$3\frac{3 \text{日} \times 24 \text{小时}}{4} = 3\frac{32}{4} = 3 \text{日} 18 \text{小时}$$

$$15 \text{日} + 3 \text{日} 18 \text{小时} = 18 \text{日} 18 \text{时}$$

$$15 \div \frac{1}{4} = \frac{15}{4} = 3\frac{3}{4} \text{元}$$

$$3\frac{3 \text{元} \times 10 \text{角}}{4} = 3\frac{30}{4} = 3 \text{元} 7 \text{角} 5 \text{分}$$

$$15 \text{元} + 3 \text{元} 7 \text{角} 5 \text{分} = 18 \text{元} 7 \text{角} 5 \text{分}$$

又因有减轻原因,应减四分之一,则为十一日又六小时以下之拘留,或十一元二角五分以下之罚金,应就此数酌量科断。

$$15 - (15 - \frac{1}{4}) = 15 - 3\frac{3}{4} \text{日}$$
$$= 15 - (3\frac{3 \times 24}{4}) = 15 - 3 \text{日} 18 \text{小时}$$
$$= 11 \text{又} 6 \text{小时}$$

$$15 - (15 - \frac{1}{4}) = 15 - 3\frac{3}{4} \text{元}$$
$$= 15 - (3\frac{3 \times 10}{4}) = 15 - 3 \text{元} 7 \text{角} 5 \text{分}$$
$$= 11 \text{元} 2 \text{角} 5 \text{分}$$

又如本法第四十一条第二款渡船桥梁等,曾经公署定有一定通行费额,于定数以外,私行浮收,依该条规定,应处五日以下之拘留,或五元以下之罚金,假定裁量之余,拟科三日拘留,因有减轻原因,拟减二分之一,则余数为十二小时,依本条规定主罚应在免除之列。其浮收之金钱,依本条主罚免除,不免除没收之规定,仍应依第四十一条后项之规定,予以没收,此又一例也。

第十九节　文例

第二十四条　本法所称以下、以上者，俱连本数计算。

　　本条明示本法所称以下、以上之定义，连本数计算者；例如：处十五日以下之拘留；此十五日，即本数也，质言之，即不得逾十五日之谓，于此不得不一言者；本条法文，无以内字样；而于其他条文。则有以内之用语；如：本法第三十四条二项有六个月以内之规定，"以内"二字，当然应连本数计算也。

第二十节　拘留之假释

第二十五条　受拘留之处罚，于拘留期间过半后，确有悔悟实据者，得释放之。

　　本条规定拘留之假释。通例处拘留之制裁者，须待期满始可释放；兹不待期满而许释放者，何也？盖违警罚之拘留，自与刑律之徒刑有别；在刑律处徒刑之执行者，尚有假释之条（刑法第七十三条至九十六条），无非为奖励悔过，以诱进其自新计也。本法亦同此旨，所以明定有悔过实据者，拘留期间过半后得先期释放也；限定拘留期间过半后者，巡警官吏，详考密察，自不可不假以时日，且以维持罚则之效力，不致因假释而破坏也。何者为有悔过实据？则在临时认定之耳。

第二十一节　现行犯之处置

第二十六条　违警之现行犯，巡警人员得不持传票，径行传案；但违警者实有重要事务在身，确知其姓名、住址，又无逃亡之虞者，不在此限。

　　本条为处置现行犯之规定。现行犯者，现当实行或终结违警行为，适为被害者，或巡警所亲见者是也。巡警发觉现行犯时，若必须持有传票，方准逮案，势必易致逃亡；故对于现行犯，各国刑事法上大都均明定不持传票，得径行逮案，所以省事而图简捷也；非现行犯，当然不能适用；即现行犯，如实有重要事务在身，亦不能适用。盖违警罪本属轻微，违警者适有重要事务在身，若不予融通，强行逮案，致妨害其重要之事务，因而发生损害，其所受之苦痛，或较受处罚为甚，非所以为人民利益计也，但书之意，盖在于此；然又恐狡猾者，或因此而取巧，故特提实有、确知等字，以及又无逃亡之虞之文句，以示慎重；临时加以分别，庶不致于失当欤。

第二十二节　嫌疑犯之处置

第二十七条　因违警之嫌疑，经公署传讯者，自传票到达之日起，须于三日以内到案，若逾期不到，得径行判定，依法处罚。

　　本条规定违警嫌疑犯之处置。受有违警嫌疑，经公署传讯，理应随传随到；惟一时容有事故，未能即时到案，予以三日内之犹豫，盖所以为人民利益计也；若逾期三日不到，非情虚畏罪，即属有意违抗，既不申诉剖白，自无异于默认，不妨径行缺席判决，依法处罚，若任其延宕，案悬莫结，非处理公务之道也。

第二十三节　时效

第二十八条　违警之起诉、告诉、告发期间，自违警行为完毕之日起，以六个月为限，依本法处罚者，自判定之日起，满六个月后，尚未执行时免除之。

本条为时效之规定，第一项规定起诉之时效，第二项规定处罚之时效，时效云者，凡逾法律所定之时期，则生取得权利，或免除义务之效力之谓；前者谓之得权时效，后者谓之免责时效；在刑事法纯为免责时效，本条所定之时效，亦为免责时效。起诉者，由巡警发觉而诉之于公署之谓；告诉者，被害人自身陈诉之谓；告发者，除巡警及被害者以外之人，告发于公署之谓；此种诉权，经过一定之期间，即因时效而消灭，换言之，经过法定之期间，即无起诉、告诉告发之权，不能再为起诉、告诉或告发；纵有起诉、告诉或告发，依法亦不受理；所谓免责时效者此也，本条规定时效，为六个月，盖时日过久，不独证据散失，真情难得，科罚易致暧昧；且社会间已早相忘于无形，一旦发之，必有惹起一般之疑虑者，所以特免除之也。第二项规定罚权因时效而消灭；例如对于缺席判定之人，迟未执行，或违警在逃未获，或发觉之时，违警者适已他去，经过六个月之长期间，尚未能达执行之目的，则罚权即因此六个月之时效而消灭，嗣后对于该违警之人，不能再从事于本罚之执行，与前项规定出于同一之理由也。

第二十四节　时例

本节所说明者，为时日之计算，及期间之起算等，在法律学上，则称之为时例之规定，其重要与文例等也。

第一款　日与月之计算

第二十九条　时期以二十四小时为一日，以三十日为一月。

自本条至三十一条同为时例之规定。时例者，计算时期之例也。时期计算，关系甚大；本条规定以二十四小时为一日，以三十日为一月，则日历上二十八日或三十一日为一月者，均非本法之所谓一月；惟有平其盈亏，以求合于本法法定一月之日数，盖所以示平允也。其实月之时例，在本法殊无规定之必要，以本法拘留以日数计算；且明定不得逾三十日也。法文既有规定，不得不有所说明，修正时，似可删去之。

第二款　时期之计算

第三十条　时期之初日，不计时刻，以一日论；最终之日，阅全一日。

本条规定时期之计算；前段时期之初日，不计时刻，以一日论，为便利计也；后段所谓最终之日，阅全一日者，非必须经过二十四小时也，观次条自明。

第三款　释放之时间

第三十一条　拘留之释放，于期满之当日午后行之。

本条规定期满释放之时间。明定期满之当日午后行之者，所以明示前条最终之日，阅全一日之解释也。

第二章 妨害安宁之违警罚（第 32 条）

妨害安宁，不必有不安宁之实害；安宁有不能保持之虞，即所以妨害安宁。本章明定罚则，所以防止公众危害，保护公共之利益也。

何者为妨害安宁之违警，条文有列举之规定。当顺次申述之。

第三十二条　有下列各款行为之一者，处十五日以下之拘留，或十五元以下之罚金。

一　未经公署准许，制造或贩卖烟火者。

二　于人烟稠密之处，燃放烟火，及一切火器者。

三　发见火药，及一切炸裂之物，不告知公安局所者。

四　未经公署准许，携带凶器者。

五　散布谣言者。

六　于人家近傍，或山林田野，滥行焚火者。

七　当水、火，及一节灾变之际，经公署令其防护救助，抗不遵行者。

八　疏纵疯人狂犬，或一切危险之兽类，奔突道路，入人第宅，及其他建筑物者。

本条规定妨害安宁之违警，其罚为十五日以下之拘留，或十五元以下之罚金，分列八款，顺次说明于下：

第一款　未经公署准许，制造或贩卖烟火者

烟火，虽为玩具，但不经官许，听其制造，听其贩卖，势必漫无

制限，易滋火灾之危险，使人恐惧，即属有害安宁。经官准许，必先定有制限，预为安宁计也。故于擅自制卖，蔑视定章者有罚。

第二款　于人烟稠密之处，燃放烟火及一切火器者

烟火，如花炮、流星。火器，如铁制小铳等等皆是。事虽细微，而于人烟稠密之地，星星之火，易致燎原，影响于公众危害者滋大，明定罚则，所以为预防计也。不在烟稠密之处，人民以燃放为乐，不致发生危害者，自可无庸禁止。

第三款　发见火药及一切能炸裂之物，不告知于公安局所者

本款为消极的违警，盖刑事法之告发，基于公益上之理由，为人民之一种义务，火药及一切能炸裂之物，均属危险物品，一经酿祸，危害甚大，既发见而不告知于公安局所。其不顾公众危害可知，乌可不罚。

第四款　未经公署准许，携带凶器者

凶器，如尖刀、刺刀、铁尺、铁棍等专为行凶之器具皆是。枪炮弹药，不在本款之内，以刑律别有规定也；若凶器为业务上所需者，自可无庸经公署准许；否则未经公署准许，即不应携带，既非业务所需，若非预备斗殴，胁迫逞凶，即属居心不端，行动诡僻，决非安分可知。必待酿祸，再以刑律绳之，不已失警察之本旨乎。

第五款　散布谣言者

谣言者，虚构事实，语多无稽者是也；散布者，大庭广众之中，公然宣传之谓，不必定用演说之方法或传单也。一般造谣好事之徒，

最喜诞语惑人，谬说流传，人心摇惑，社会失其安宁，贻祸夫岂浅鲜，如传说实有之事，自不得谓之谣言也。

第六款　于人家近傍或山林田野，滥行焚火者

滥行焚火，在人家近傍，固易酿祸，即山林田野，人迹罕至，亦易成灾。所谓滥行者，如于人家近傍焚化大宗纸类，山林田野，嬉纵野火之类是也。详加审察，不致贻误，始行焚火者，即不得谓之滥，自不在禁止之列，要在临时认定之耳。

第七款　当水火及一切灾变之际，经公署令其防护救助，抗不遵行者

此为违背命令的消极违警。水火灾变，关系公众危害，何等重大，绸缪未雨，防护责所应尽，披发缨冠，往救犹虑不及，乃命令救护而犹抗不遵行，是其人幸灾乐祸可知，罚以示警，固不为苛。如有正当事故不及防护救助，不得谓之抗命，自不得认为违警也。

第八款　疏纵疯人，狂犬或一切危险之兽类，奔突道路或入人第宅及其他建筑物者

疯人本性已失，举动必失常度；监护人理宜严加管束。狂犬及一切危险兽类，性极凶猛，主人防范，宜极周密，乃竟任其奔突道路，或入人宅第，及其他建筑物，致使人有不测之忧；即无一人伤害，而瞬息之惊惶，亦属有害公众之安宁法益，故虽疏纵，亦应处罚。若已伤害人，或故意放纵至伤害人者，则监护人或主人应负其责，已成刑事问题，不在本款之内也。

第三章 妨害秩序之违警罚（第33—37条）

违警行为，害及公共之秩序者，不独本章。本章所列举者，乃专因害及公共秩序而成立之违警，即直接的妨害公共秩序是也，故特辟为一章：

第三十三条 有下列各款行为之一者，处十五日以下之拘留，或十五元以下之罚金。

一　违背法令、章程，营工商之业者。

二　违背法令、章程，开设戏园及各种游览处所者。

三　旅店确知投宿人有刑法上重大犯罪行为，不秘密报告公安局所者。

四　旅店确知投宿人将有刑法上重大犯罪之举动。不秘密报告公安局所，尚未达刑法第一百六十二条之犯罪者。

自本条至三十七条均规定妨害秩序之违警，本条之罚，为拘留十五日以下，或罚金十五元以下，为本章罚则之重者，所列四款，分述于下：

第一款　违背法令章程，营工商之业者

本款所谓工商之业，骤视之似觉范围太广，惟既有违背法令章程等字样，则所谓工商之业，自专指曾有取缔之法令或章程，应遵守而不遵守者而言，如本无取缔之法令或章程，则亦无所谓违背，当然不发生本款之违警。

第二款　违背法令章程，开设戏园及各种游览处所者

戏园，演戏之剧场。各种游览处所，如娱乐场、游艺园等等皆是。法令章程，如戏园取缔规则等是。本款可分二层言之：

（一）法令章程不准开设而开设者；

（二）法令章程虽准开设而不准照规定建筑，或布置者是也。

戏园与各种游览处所，关系于公共安宁秩序，善良风俗者至大，设不严加取缔，贻害岂浅鲜哉。

第三款　旅店确知，投宿人将有刑法上重大犯罪行为，不秘密报告公安局所者

本款重在确知二字，刑法上重大犯罪行为，如：妨害风化，藏匿犯人，贩卖鸦片等犯罪行为。旅店对于投宿之人，既有详晰之记载，平时又易于接近；如遇形迹可疑，即宜严密注意，未尝无侦知之机会也。果不及知，或知而不确，自不能责令旅店以报告；既经确知，即应秘密举发，明知之而故隐之，若非通谋，即属有意容隐，罚宜从重。是否确知，虽属事实问题，然必须有证据证明，方足以昭折服，法文特提确知重大等字样，一方为防止犯罪计，一方又为维持商业计也。

第四款　旅店确知，投宿人将有刑法上重大犯罪之举动，不秘密报告公安局所，尚未达刑法第162条之犯罪者

前款规定投宿人已有刑法上重大犯罪行为。本款规定投宿人将有刑法上重大犯罪之举动，旅店既已确知，应负有秘密报告之义务。违反秘密报告之义务，而其情节较轻于刑法第一百六十二条之犯罪者，

得依本款处罚。如为刑法第一百六十二条之犯罪，则应依刑法第一百六十二条处断。盖其情节已超越违警，不在违警罚范围内也。兹列刑法第一百六十二条如下：

第一百六十二条 于犯罪可以预防之际，知有犯下列各罪，而不向该管公务员，或将被加害之人报告者，处一年以下有期徒刑、拘役，或三百元以下之罚金。

一、内乱罪。

二、外患罪。

三、第一百八十七条、第一百八十八条、第一百九十条、第一百九十二条、第一百九十三条、第一百九十七条之公共危险罪。

四、强奸罪。

五、杀人罪。

六、强盗及海盗罪。

刑法第一百六十二条规定知有犯内乱、外患，及特种公共危险罪，强奸杀人、强盗及海盗等罪，而不向该管公务员或将被加害之人报告者，重在于犯罪可以预防之际；此则应注意者也。

兹并抄录刑法第一百六十二条第三款规定各条，以备参考。

第一百八十七条 放火烧毁现供人使用之住宅，或现有人所在之建筑物、矿坑、火车、电车或其他行驶水陆空之舟车者，处无期徒刑，或七年以上有期徒刑。

失火烧毁前项之物者，处一年以下有期徒刑、拘役，或三百元以下罚金。

第一项之未遂罪，罚之。

预备犯第一项之罪者，处一年以下有期徒刑、拘役，或三百元以下罚金。但因其情节，得免除其刑。

第一百八十条 放火烧毁现非供人使用之他人所有住宅，或现未有人所在之他人所有建筑物、矿坑、火车、电车，或其他行驶水陆空之舟车者，处三年以上，十年以下有期徒刑。

放火烧前项之自己所有物，致生公共危险者，处六月以上，五年以下有期徒刑。

失火烧毁第一项之物者，处六月以下有期徒刑、拘役，或三百元以下罚金。

失火烧毁前项之物，致生公共危险者亦同。

第一项之未遂罪，罚之。

预备犯第一项之罪者，处一年以下有期徒刑、拘役，或三百元以下罚金。但因其情节，得免除其刑。

第一百九十条 故意或因过失，使火药、蒸气、煤气或其他爆裂物炸裂者，准用放火失火之规定。

第一百九十二条 决水，浸害现供人使用之住宅，或现有人所在之建筑物、矿坑或火车、电车者处无期徒刑，或五年以上有期徒刑。

因过失决水，侵害前项之物者处一年以下有期徒刑、拘役，或三百元以下罚金。

第一项之未遂罪，罚之。

第一百九十三条 决水，侵害现非供人使用之他人所有住宅，或现未有人所在之他人所有建筑物，或矿坑者处一年以上，七年以下有期徒刑。

决水，侵害前项之自己所有物致生公共危险者，处六月以上，五年以下有期徒刑。

因过失决水，侵害第一项之物者，处六月以下有期徒刑、拘役，或三百元以下罚金。

因过失决水，侵害前项之物，致生公共危险者亦同。

第一项之未遂罪，罚之。

第一百九十七条 倾覆或破坏现有人所在之火车、电车或其他行驶水陆空之舟车者，处无期徒刑，或五年以上有期徒刑。因而致人于死者，处死刑或无期徒刑。因而致重伤者，处无期徒刑或七年以上有期徒刑。

因过失犯第一项之罪者，处一年以下有期徒刑、拘役，或三百元以下罚金。

从事业务之人，因业务上之过失，犯第一项之罪者，处二年以下有期徒刑、拘役，或五百元以下罚金。

第一项之未遂罪，罚之。

第三十四条 有下列各款行为之一者，处十日以下之拘留，或十元以下之罚金。

一　婚姻、出生、死亡及迁移，不依法令章程，报告公安局所者。

二　建筑物之建筑、修缮，不依法令章程，呈请公安局所准许，擅兴土木，或违背公署所定图样者。

三　旅店、会馆及其他供人住宿之处所，不将投宿人姓名、年龄、籍贯、住址、职业，及来往地方，登记者。

四　群众会合，公安局所有所询问，不据实陈述，或命其解散不解散者。

五　死出非命，或发见来历不明之尸体，未经报告公署勘验，私行殓葬，或移置他处者。

旅店及其他供人寄宿之处所，六个月以内，在同一管辖地方，违背前项第三款，至三次以上者，得勒令歇业。

本条之罚，为十日以下之拘留，或十元以下之罚金，分款说明于下：

第一款　婚姻出生死亡及迁移，不依法令章程，报告公安局所者

婚姻者，嫁娶也。嫁女曰嫁，娶妇曰娶。出生者，男女之产生也。死亡不分疾病死亡，或非命死亡。迁移，不问是否在同一管辖地方。凡此等等，皆应报告，规定于户籍调查规则。法文所谓法令章程，即指此户籍调查规则等而言。盖婚姻，出生，死亡，迁移，均关系于户口之增减，公安局所对于户口调查，举行自有定时；而此种事故之发生，又为日常所时有，非责令居民报告，警察容有所不及知，安能得户口之确数乎？报告方式，或呈报区署，或通知岗警，均无不可。公安局所据此报告，即当记载于户籍册内，从事增改，庶户口之调查，可以永保无误，匪徒无从隐匿，即有事故，亦不难查究也。

第二款　建筑物之建筑修缮，不依法令章程呈报公安局所准许，擅兴土木或违背公署所定图样者

建筑物，如：房屋，墙垣等是，建筑者，建造之谓；修缮者，修理之谓。法令章程，指建筑取缔规则等而言；建筑取缔规则，对于建

筑修缮，规定须先呈报公安局所，领有许可证后，方准开工，如公署预先定有图样者，并须遵照其图样，盖所以防止人民居住之危险，保持道路之交通也。未经准许，擅兴土木，危险隐伏其中，恐有所不及察也；至应呈报之事项，依建筑取缔规则一般之规定，建筑之主管者，除房屋临时坍塌，应立时修筑者外，须于一定期间，自将下列事项，分造图册，呈报公安局所核准。

一、主管者之姓名，职业，籍贯，住所。

二、建筑场所之所在地。

三、建筑场所之面积。

四、建筑场所之余地。

五、建筑物之形式。（图样）

第三款　旅店会馆及其他供人住宿之处所，不将投宿人姓名年龄籍贯住址职业及来往地方登记者

旅店，即旅馆客栈。会馆，即各同乡同业会馆。其他供人住宿之处所，如寄宿舍、公寓，以及乡间之宿夜店等是也。应登记之事项凡六款：（一）投宿人之姓名，（二）年龄，（三）籍贯，（四）住址，（五）职业，（六）来往地方，盖不独使旅店不敢容纳匪类，且为详知投宿人之身份，以及来去踪迹，以便警察易于查察，使宵小不敢混迹，盖亦盘诘奸宄之道也。

本条第二项之规定，专为本款而设，故于本款内加以说明。所谓六个月以内，应自罚办完结之日起算，在同一管辖地方，指旅店所在地而言。此二要件，木为构成累犯之要素，违犯至三次以上，得勒令歇业，即勒令闭歇其旅店，不得再为旅店之营业之谓；然玩得字之意，警察官固尚有自由裁量之余地焉。

第四款　群众会合，公安局所有所询问，不据实陈述或命其解散不解散者

人民集会，虽有自由之权；而群众会合，究易滋事，是否有正当之理由，公安局所自有查问之权，以便定相当之处置；即理由正当，亦应莅场监视，以便保护；其不正当者，当然命令解散。不肯据实陈述，必有不可告人之隐，其无正当理由可知；诈伪蒙蔽，罚固应尔。至公安局所，已认定其会合为不当而命其解散，或虽认其有会合之理由，而临时秩序扰乱，将成祸端，仍得以职权命其解散，违抗不从，亦得依据本款罚之。

第五款　死出非命或发见来历不明之尸体，未经报告公署勘验，私行殓葬或移置他处者

死出非命，谓非由疾病而死亡者，如自经或服毒，或为人谋毙等，发见来历不明之尸体者，忽然发见尸体，何自而来？何以致死？俱不明晰，其在私有地或公有地均可不问。此种事故，均应报告公署勘验，以明是非。私自殓葬，或移置他处，纵使出于惧祸，并无嫁祸他人恶意，而尸经移动，证据易致湮灭，侦查必多为难，罚为预防计也。若有不法谋毙，或代人捏饰情事，则应受刑法之制裁，不在本款范围内矣。

第三十五条　有下列各款行为之一者，处五日以下之拘留，或五元以下之罚金。
　一　于私有地界外，建设房屋、墙壁、轩槛等类者。
　二　房屋及一切建筑物，势将倾圮，由公署督促修理或拆毁，而延宕不遵行者。
　三　毁损路旁之植木、路灯，或公署物品者。

四　于学校、博物馆、图书馆及一切展览会场，或其他供人居住之处所，聚众喧哗，不听禁止者。

五　于道路或公共处所，擅吹警笛者。

六　于道路或公共处所，高声放歌，不听禁止者。

七　于道路或公共处所，酗酒喧噪或醉卧者。

八　于道路或公共处所，口角纷争，不听禁止者。

九　于禁止出入处所，擅行出入者。

十　潜伏于无人居住之屋内者。

十一　深夜无故喧嚷者。

十二　借端滋扰铺户，及其他营业处所者。

十三　经公署定价之物，加价贩卖者。

十四　凡夫役、佣工、车马等，预定佣值赁价，事后强索加给，或虽未预定，事后讹索至惯例最高额以上，或中道刁难者。

违犯前项第十三款、第十四款者，其加价所得之金钱没收之。六个月以内，在同一管辖地方，违犯第一项十三款、第十四款至第二次以上者，得令其停业，三次以上者，得酌量情形勒令歇业。

本条所列违警行为共十四款，其罚为拘留五日以下，罚金五元以下，较前二条为轻，分款说明于下：

第一款　于私有地界外建设房屋、墙壁、轩楹等类者

私有地界外之意义，依本法之性质，当取广义解释，指与私有地对称之公有地而言；自己私有地外之他人私有地，当然不在其内。所列房屋、墙壁、轩楹等类，不过举例言之，其他建筑物，亦在所不许。公有地，如官街、官道，所以供公众之通行，任意侵越，即属有害公共之秩序，设罚禁止，斯为本法应有之规定。至私有地与私有地之交涉，乃民事问题，属于审判厅之职权，非本法所宜干涉也。

第二款 房屋及一切建筑物势将倾圮，由公署督促修理或拆毁，而延宕不遵行者

势将倾圮者，谓现有倾倒、歪斜之势，将生坍塌崩折之险，督促云者，监督催促之谓。房屋及一切建筑物，势将倾圮，难保不害及人之生命财产。公署既经察看情形，命其为相当之处置，或修理，或拆毁，理应遵照限期，克日拆修，延不遵行，不顾危害甚矣。罚以制之，所全当非细也。

第三款 毁损路旁之植木、路灯或公署物品者

路旁所植之树木，于公共卫生，街市风景有关。毁损植木，如毁伤其枝干，不必定须斫伐也。路灯所以便利交通不限公家所设，私人于街路所设之路灯，亦包含在内。毁损路灯，如破损其灯罩灯架之类，若仅息灭其火光，则为第四十二条第十二款之违警，不在本款范围之内，若于夜间毁损路灯，兼息灭灯光，应依第九条、第二十二条并合违警罪办理。公署物品，如路名牌、公告牌，马路之阴沟铁板等皆是。此等行为，均属破坏公益，乌可不罚。

第四款 于学校、博物馆、图书馆及一切展览会场或其他供人居住之处所，聚众喧哗，不听禁止者

学校、博物馆、图书馆及一切展览会场，均属公共之机关。聚众喧哗，有害公共秩序。其他供人居住之处所，如私人之住宅等，亦属有害安宁法益；然仅至聚众喧哗，一经禁止即肃静散去，则尚属未遂，依法不罚，盖本款重在不听禁止也。禁止之权，自以警察行使为正当，然被害者亦未尝无禁止之权，禁阻不听，以理论言，亦当然成立本款之罚。但经报告警察加以禁止，即肃静散去，固不宜罚之也。

第五款　于道路或公共处所擅吹警笛者

公共处所，如公园、茶店、酒馆、戏园等皆是。使用警笛，有一定之规则，或为火灾，或为斗殴，或为追捕犯人，或为其他非常事变，鸣声暗号，自有定数；使闻之者记其次数，即知其为何事。有所准备，不致惊惶；擅吹乱鸣，令人惶惑不安，秩序因而纷乱。处之以罚，所以示禁也。

第六款　于道路或公共处所高声放歌，不听禁止者

歌本天然乐事，发乎情之所不能已，原无伤于大雅。若于道路或公共处所，高声放歌，荡检逾闲，有害公共秩序，禁止即止，则其出于一时欢乐，偶尔放荡，尚属情有可原，自不宜骤加以罚；不听禁止，即属有意喧哗，不顾公益，绳之以罚，谁曰不宜。

第七款　于道路或公共处所，酗酒喧噪或醉卧者

酗酒，酒醉也；喧噪，喧哗鼓噪之谓。酗酒喧噪者，酒醉之后，胡言乱语，形同疯癫，令人望而生畏，即属有害公安。道路或公共处所，非卧榻之所，任意睡卧，有伤风纪；况酒本属消耗之品，饮之过量，不独有害卫生，废时失业，伤财偾事，甚者且为淫盗之媒。于道路或公共处所，演此酣醉之怪象，防微杜渐，乌可不罚。

第八款　于道路或公共处所口角纷争，不听禁止者

口角纷争，互相诟谇之谓。恶声相还，丑语相报，惟口兴戎，必无善果，自应早为排解，双方加以禁阻，持蛮不听，随之以罚，防患未然，道所应尔。否则始而口角，既而斗殴，浸假演成刑事问题，不独妨害秩序已焉。

第九款　于禁止出入处所擅行出入者

禁止出入处所，例如因水火灾变或其他事故，临时断截交通，禁止出入之类。不听禁止，任意出入，是谓擅行出入，罚之所以维持秩序也。若经许可，而后出入，即不能谓之擅行，自不成立违警也。

第十款　潜伏于无人居住之屋内者

潜伏，暗中躲藏，不令人知之谓。潜伏于无人居住之屋内，行踪诡秘，其必无善行，可想而知。

本款要素，可晰为二：

（一）潜伏　若非潜伏，公然入室，并无避人耳目状态，暂入休息或游览者，则虽为无人居住之屋，亦不构成本条之罚。

（二）须为无人居住之屋　若有人居住之屋，则潜伏于内，亦不构成本款之罚，应依刑律侵入现有人居住之宅第之规定科断。（刑律第三百二十条）

第十一款　深夜无故喧嚷者

夜深人静之时，无故喧哗，不独妨害安眠，人自睡梦中惊觉，或疑有不测之祸，令人惶恐不安，莫此为甚。若有正当事故，如遇火灾、贼、盗、危及生命等事，人声鼎沸，自所不禁，所以有无故二字也。

第十二款　借端滋扰铺户及其他营业处所者

铺户，各种商铺；其他营业处所，如摆设摊担之小贩营业皆是，借端滋扰，毫无正当理由，即属有意扰害营业。罚之以安商业，即所以维持秩序也。

第十三款　经公署定价之物，加价贩卖者

经官定价之物，如印花税票、邮票等类，必系民间日用所需，加价贩卖，有失公署信用，何可不罚。其浮收之数，即属不当利得，依本条第二项之规定，应予没收。若六个月以内，在同一管辖地方，复敢再犯，必系前次之罚，不足示惩，此第三项所以规定得令其停业也。（停业期间为十日以下，见第十七条。）至犯三次以上，并得酌量情形，勒令歇业，所以从根本上禁绝之也。

第十四款　凡夫役佣工车马等，预定佣值、赁价，事后强索加给或虽未预定，事后讹索至惯例最高额以上或中道刁难者

夫役，如挑夫船夫等；佣工，凡雇佣工人等皆是；车马，指马夫、舆夫、车夫等而言。此种苦力之人，在雇佣者自应加以怜恤，给予相当之价值，免涉苛刻。惟此等人，类皆贪婪无厌，价值虽经预定，事后犹不免有强索；若不预定，讹索自更难免，甚而中道刁难，肆意要求。若不严加禁止，为害行旅，莫此为甚。浮收金钱，应予没收，累犯不悛，得令停营，最终制裁，则非勒令歇业不可，此本条第二项、第三项所以与前款有同一之规定也。

第三十六条　茶馆、酒肆，及其他游览处所之主人或经理人，于公安局所所定时限外，听客逗遛者，处十元以下之罚金。

六个月以内，在同一管辖地方，违犯前项至二次以上者，得令其停业，三次以上者，得酌量情形，勒令歇业。

本条所列茶馆酒肆，以及其他游览处所，均以客之来集为目的，朝作夜息，须有定时，若不加以制限，夜以继日，不独风俗攸关，且

深夜听客逗遛，宵小易于混迹，从而发生种种之危害。此等处所，理应预将公安局所所定时限书明，粘贴公众易见之处，来客如有逾时逗遛，则主人或经理人应指示来客，请其退去，所谓听客逗遛，即对于来客，并未表示请其退出之意，而任其逗遛之谓；否则责在来客，应依次条处分。惟此等处所之主人或经理人，每每贪图生意，不肯轻对来客请其退出，本款明定示罚，非得已也。惟此究与别种行为有别，故仅处以罚金，六个月内复敢再犯，必系贪图利厚，应令停业（十日以下，见第十七条），若犯至三次，则罚宜加重。此本条第二项所以有得酌量情形，勒令歇业之规定也。

第三十七条 于公安局所，所定时限外，逗遛茶馆、酒肆或其他游览处所，经警察官吏，馆肆等主人或经理人，劝令退去不听者，处五元以下之罚金。

　　本条与前条相辅而行，前条为制裁游览处所。本条为制裁任意逗遛之游客。使无本条之规定，则彼贪利之主人或经理人，将委过来客，以逃于罚，前条效用，必不能张；然仅有本条，亦非根本惩治之道。本款法意，重在劝令退去不听；纵逾时逗遛，一经劝告，旋即退出者，则未遂不罚，本有明文（第七条）。劝告不听，即属有意违警，罚由自取，又复何言。惟客之逗遛，较游览处所之听客逗遛，究自有别。此罚之所以较轻也。

第四章　妨害公务之违警罚（第 38 条）

本章规定妨害公务之违警，法文仅第三十八条一条，盖为妨害公务罪之最轻微者，若有重大之行为，则构成刑法上妨害公务罪矣。

第三十八条　有下列各款行为之一者，处五日以下之拘留，或五元以下之罚金。

　一　于公署及其他办公处所喧哗，不听禁止者。

　二　除去，或毁损公署或公务员所发布告，尚非有意侮辱者。

本条规定妨害公务之违警。其罚为拘留五日以下，罚金五圆以下，为各章中罚之最轻者，分列二款说明于下：

第一款　于公署及其他办公处所喧哗，不听禁止者

公署及办公处所，均为办理公务之地，任意喧哗，不独妨害办公，且破坏官厅之严肃；惟偶尔喧哗，一经禁止，即肃静散去，尚不成立本款之罚，盖本款重在不听禁止也。办公处所，如地方自治团体，以及其他公法人、公吏等办公处所皆是。

第二款　除去或毁损公署或公务员所发布告，尚非有意侮辱者

公署或公务员所发布告，必与公务有关，所以指示人民，使有遵循；任意毁除、阻碍政令之宣传，非妨害公务而何？若系有意侮辱，

则应依刑法第一百四十七条之罪处断,至于毁除官印,及查封之标示等,则构成刑法第一百四十五条之罪矣。毁除私人广告,则可依本法第五十二条第二款办理。

附录刑法第一百四十五条、第一百四十七条以备参考。

第一百四十五条 损坏、除去或污秽公务员所施之封印,或查封之标示,或为违背其效力之行为者,处一年以下有期徒刑、拘役,或三百元以下罚金。

对于公署,公然侮辱者亦同。

第一百四十七条 意图侮辱公务员或公署,而损坏、除去或污秽实贴公众场所之文告者,处拘役,或一百元以下罚金。

第五章 诬告、伪证及湮灭证据之违警罚
（第 39 条）

诬告，伪证，均足使裁决者被陷于错误，与湮灭证据，使不能发见真相者，手段不同，而性质实相类；惟本章专指违警而言，以其发生之事实为违警，故列为违警罚，若涉及刑事，则构成刑法上之犯罪矣。本章亦只第三十九条一条。

第三十九条 有下列各款行为之一者，处十日以下之拘留，或十元以下之罚金。
　一　诬告他人违警，或伪为见证者。
　二　因曲庇违警之人，故意湮灭其证据，或捏造伪证者。
　三　藏匿违警之人，或使之脱逃者。
前项第一款、第二款之违犯，于该案未判定以前自首者，免除其罚。第二款、第三款之违犯者，若系犯人亲属亦同。

本条之罚，为十日以下之拘留，或十元以下之罚金。所列三款，分述于下：

第一款　诬告他人违警，或伪为见证者

诬告他人违警者，他人并未违警，而诬告其为违警，意图使他人受违警处分也。伪为见证者，捏造虚伪证据，伪称亲身眼见，以图证实他人之违警也。诬告与伪为见证，同为陷裁决者于错误，故罚亦从

同。若于未判定以前自首，则裁决者尚不致发生错误。免除其罚，所以奖励自首，以免罚及无辜，致堕官听之威信也。本条第二项前段之规定，盖由于此。

第二款　因曲庇违警之人，故意湮灭其证据或捏造伪证者

证据，为证明其是否违警之要件，湮灭证据者，本有证据，乃湮灭之，以期不能证明其违警；捏造证据者，本无证据，乃捏造伪证，以冀伪证其违犯之不实。一则灭失证明之凭证，一则朦蔽警吏之判别，曲庇违警之手段不同，而陷裁决者于错误则一也。若误将证据湮灭，或误认为证据，并非出于故意，亦非出于曲庇，自可不罚。未判定前自首者，亦得免除其罚，其理由同于前款，其与违警之人有亲属关系者，则曲庇出于天性，自可免罚，本条第二项后段所以有明文订定之也。

第三款　藏匿违警之人或使之脱逃者

藏匿者，使人难于发见，或不能发见之谓。藏匿违警之人，与使违警之人脱逃，方法不同，同为求免于罚。此种行为，不独妨害警吏之搜索逮捕，且妨害国家惩罚权之实施。其与犯人有亲属关系者，则容隐原非得已，依本条第二项后段之规定，应予免罚。

第六章 妨害交通之违警罚（第 40—42 条）

交通便利与否，与国民经济之发达颇有关系，东西各国，莫不注重于交通事业，官厅保护綦周，洵非无故，本法对于妨害交通，特设处罚专章，与刑律之妨害交通罪，实相维系也。自第四十至四十二都凡三条。

第四十条 有下列各款行为之一者，处十五日以下之拘留，或十五元以下之罚金。

一　妨碍邮件或电报之递送，情节轻微者。

二　损坏邮务专用物件，情节轻微者。

三　妨碍电报电话之交通，情节轻微者。

本条规定妨害通信机关之违警。其罚为十五日以下之拘留，或十五元以下之罚金。凡三款，说明于下：

第一款　妨碍邮件或电报之递送，情节轻微者

本款为保护邮件电报之递送。妨碍递送，使其无法投送之谓。本款之罚，以情节轻微者为限，如以强暴胁迫，或诈术，妨碍邮件电信之递送者，则已成立刑事上之犯罪矣（刑法第二百零二条前段）。本款所以特示情节轻微也。

第二款　损坏邮务专用物件，情节轻微者

本款为保护邮务专用物件而设。邮务专用物件，如邮务信箱等，

交通繁盛之处，沿路设置之邮筒，更易为本款之被害客体，损坏者，毁损破坏，至不堪使用之谓，不必灭失其物质也，如以泥沙塞其投信之口，或破其启闭之门等，情节轻微者是也；否则即应依刑法二百零二条前段之规定处断。

第三款　妨碍电报电话之交通，情节轻微者

电报电话，原为通信迅捷而设，本款所称妨害，物质无异状，而交通发生障碍者之谓；例如以阻碍电线，使电报发生障碍，或妨碍他人使用电话等；凡致交通发生障碍者皆是，如果情节较重，则构成刑事法第二百零二条前段之罪矣。

本条所定三款，俱以情节轻微为限，情节较重者，应依刑法处罚，旧刑律第二百十五条规定，以强暴胁迫，或诈术，妨害邮件电信之递送收发者，处四等以下有期徒刑，拘役或三百元以下罚金。第二百十六条规定，损坏邮政专用，及其他应用之物者，处五等有期徒刑，拘役，或一百元以下罚金，损坏电信线、电话线、电信电话之机器、建筑物，或以他法妨害其交通者，处三等至五等有期徒刑，或五百元以下五十元以上罚金，因过失犯本条之罪，处一百元以下罚金。第二百十七条，从事邮政电信职务之人，犯第二百十五条、第二百十六条第一项之罪者，处三等至五等有期徒刑。第二百十六条第二项之罪者，处二等或三等有期徒刑。其因过失者，处三百元以下罚金。并有未遂罪罪之之规定，分晰颇详，新刑法仅合并规定于第二百零二条前段，仅以妨害铁路、邮务、电报、电话，寥寥数字概括之，兹录其条文如下：

刑法第二百零二条　妨害铁路、邮务、电报、电话，或供公众之用水、电气、煤气事业者，处五年以下有期徒刑、拘役，或

五百元以下罚金。

该条前段为关于交通之罪，凡妨害供交通用之铁路、电报、电话及邮务皆属之。后段为关于公众利益之罪，凡妨害供公众使用之水、电、煤气事业属之，所谓妨害供交通用之铁路、电报、电话及邮务，其所包括之范围甚广，关于铁路者，除毁坏轨道外，凡一切之妨害行为皆属之。关于邮电者，如损坏邮务、电信等及其他应用之物，或以强暴胁迫，或以诈术，凡妨害邮电之递送、收发等行为皆属之。如此概括规定，似嫌疏漏，而罪刑之轻重，复未加以分别，立法者，或尚有未暇审择耶。

第四十一条 有下列各款行为之一者，处五日以下之拘留，或五元以下之罚金。

一 于私有地界内，当通行之处，有沟井及坎穴等，不设覆盖及防围者。

二 于公众聚集之处或弯曲小巷，驰骤车马或争道竞行，不听阻止者。

三 各种车辆，不遵章设置铃号或违章设置者。

四 未经公署准许，于路旁、河岸等处，开设店棚者。

五 毁损道路、桥梁之题志，及一切禁止通行或指引道路之标识等类者。

六 渡船、桥梁等，曾经公署定有一定通行费额，于定数以上私行浮收，或故阻通行者。

前项第六款浮收之金钱，没收之。

本条为便利道路之通行，防止危害之发生而设，公众通行之道路，使行走者常抱不安之虞，则坦途无异荆棘，非所以谋交通之安全也；然其情节自较前条为轻，故其罚亦仅为五日以下之拘留，或五元以下之罚金，列举六款，分述于下：

第一款 于私有地界内当通行之处有沟井及坎穴等，不设覆盖及防围者

私有地界内之通行地，如某里、某弄，以及其他许人通行之处所皆是，虽非通衢大道，然既供人通行，即与公众之行走有关；若有沟井、坎穴，即宜加以覆盖或防围，以免行人失足；即非通行之处，既有沟井、坎穴，为预防危险计，亦宜设置覆盖或防围，以重公共之安全。

第二款 于公众聚集之处或弯曲小巷驰骤车马或争道竞行，不听阻止者

乘坐车马，原为求速；然必须疾徐有节，则急走奔驰，斯无危害，若一意捷驰，纵辔飞奔；空旷之地，且不免有危险，至行车先后自宜遵鱼贯之次序，争道竞行，殊非所宜；况在公众通行之处，弯曲小巷之中，更易发生危险，阻止不听，顽抗甚矣。非罚何以示惩，若一经阻止，即按辔徐行，或两相退让，自不宜骤加以罚。

第三款 各种车辆不遵章设置铃号或违章设置者

各种车辆，应否设置铃号，酌量地方情形，衡量车辆性质。类皆有单行章程之规定，在民国二三年（1913—1914）时代，前浙江省会警察厅，对于人力车，须一律设置铃号；嗣因道路渐事整理，铃声喧闹，有害公众安宁，即将铃号废除。违章设置，不当设而设，以及不照章设置一律之铃号，而设置特异之铃号者皆是。

第四款　未经公署准许于路旁河岸等处，开设店棚者

路旁河岸，开设店棚；如果道路阔大，河堤坚固，尚无妨碍；倘使路途狭窄，堤防不坚，即于行路有碍，河堤有损，且或不免有倾溺落水之患；所以须经公署之准许也。未经准许，擅自开设，若不加罚，人民相率效尤，店棚林立，有不妨碍交通发生危险者乎？

第五款　毁损道路桥梁之题志及一切禁止通行、指引道路之标识等类者

道路桥梁之题志，所以供公众之认别。禁止通行之标识，所以示人有不可通行之事实，指引道路之标识，所以示人遵循之路途，皆为便利行道计也。加以毁损，使人无从识别，曲径歧途，不免误入，罚之所以为破坏公益者戒也；若损坏轨道、灯塔等之标识，则构成刑律第一百九十八条之罪矣。

第六款　渡船桥梁等曾经公署定有一定通行费额，于定数以上私行浮收或故阻通行者

渡船桥梁，所以利济行人，公署规定通行费额，资为修理或经常费用，必有一定标准，定数以上，私行浮收，以利济之政，为贪婪之具，不仅阻碍通行已也。故阻通行云者，故意阻止通行之谓；此类行为，均属妨害交通，其浮收之金钱，依第二项规定，应予没收，使仍不得享有，盖所以示警也；所谓浮收之金钱者，浮于定额所收之金钱也；例如定价二角，乃加索为三角，则多收之一角，即浮收之金钱也；二角本为定价所应取，不在没收之例也，不给定价强自通行者，次条另有规定。

第四十二条　有下列各款行为之一者，处五元以下之罚金：

一　于渡船、桥梁等应给通行费之处，不给定价，强自通行者。
二　于路旁罗列商品、玩具，及食物等类，不听禁止者。
三　滥系舟筏，致损坏桥梁堤防者。
四　于道路横列车马，或堆积木、石、薪、炭，及其他物品，妨碍行人者。
五　于道路溜饮车马，或疏于牵系，妨碍行人者。
六　并行车马，妨碍行人者。
七　并航水路，妨碍通船者。
八　将冰雪、尘芥、瓦砾、秽物等类，投弃道路者。
九　于道路游戏，不听禁止者。
十　受公署之督促，不洒扫道路者。
十一　车马夜行，不燃灯火者。
十二　息灭路灯者。
十三　于谕示禁止通行之处，擅自通行者。

本条列举各款，为本章之最轻者，故仅处五元以下之罚金，分述于下：

第一款　于渡船桥梁等应给通行费之处，不给定价，强自通行者

本款与前条第六款之规定；实相辅而行，渡船桥梁，规定应纳通行费者，理应遵章缴纳；恃蛮不给，不独蔑视定章，相率效尤，势必害及交通；所谓不给定价者，宜注重定字，盖包含全数不给，及给不足定数者而言之者也。

第二款　于路旁罗列商品玩具及食物等类，不听禁止者

路旁罗列商品玩具，及食物等类；如果无碍行路，自可不加干

涉；否则宜先饬令搬移他处；不听禁止，方可处罚。

第三款　滥系舟筏致损毁桥梁堤防者

系泊舟筏，本有官埠，即使官埠拥挤，不得不系泊他处，亦宜审度情形，不致有所毁损者，方可系缆停泊；若漫不加察，任意滥系，以致桥梁堤防，有所毁损，公共之物不知爱护，其情固属可恶，而不虑及公共危害，其心尤不堪问；然要以现有损坏，以及其损坏实由滥系而生者为必要。未生损坏，不能处罚；损坏非由滥系，实出于年久失修者，亦不能处罚也。

第四款　于道路横列车马或堆积木石薪炭及其他物品，妨碍行人者

道路为公众通行之处，横列车马，堆积木石薪炭，或其他物品，均足以阻隔交通，妨碍行人，通衢大道，行人且有避让之劳，若在曲径小巷，势必更无余地可以通行；惟此款重在妨碍二字，如在空旷之道路，并不妨碍行人，自不在本款之内也。

第五款　于道路遛饮车马或疏于牵系，妨碍行人者

遛饮车马，可疏于牵系，以致放逸奔驰，不但惊走行人，且有蹴躏之虑，至车马以外驴驼等动物，如果有妨碍行人情事，亦可依本款处罚，此固自然解释当然之结果，本款亦注重妨碍二字，与上款同。

第六款　并行车马妨碍行人者

本款与上两款同注重妨碍行人一句，如果并辔同骖，并不妨碍行人，自可无庸过问，惟在繁盛街衢，并行车马，断无有不妨碍及行人者，此固不待言者也。

第七款　并航水路妨碍通船者

本款为保护水路之交通而设,河流狭窄,并航前进,势必妨碍他人之通航;若河流阔大,结筏航行,自属无妨。要之不论河身大小,但使无碍他人通航,自不在禁止之列,盖与上数款同注重在妨碍二字也。

第八款　将冰雪尘芥瓦砾、秽物等类,投弃道路者

冰雪坚滑,易致倾跌,一经溶解,更觉淤泞;芥尘飞扬,扑面迷目;瓦砾棋布,举步踬足;秽物满街,霉烂薰蒸,更易感染疾病。凡此等等,如果听其任意投弃,龌龊必至不堪言状,人将以行道为畏途,交通云何哉。

第九款　于道路游戏不听禁止者

道路非游戏之场,散步徘徊,原所不禁,若蹴球、击剑、角力、较技等游戏,则难免不波及行人;甚且酿成事端,自应随时禁止;禁止不听,惟有绳之以罚,即所以防止公共之危险也。

第十款　受公署之督促不洒扫道路者

街道不洁,亦属有碍交通;纵有扫夫,专司其事,人民亦应共同负责。且扫夫有限,容有不能偏及,各人门前之道路,洒扫更为应尽之义务,督促而不洒扫,即宜随之以罚,此就人民一方面言之也。若为清道扫夫,则为急废役务,应以其他章程处置之。

第十一款　车马夜行不燃灯火者

本款重在夜行二字,即使路灯亮如白昼,亦不得借为口实,车马

应燃灯火，在自身既可免受危险，他人远望即见，亦可早为避让，双方均有利益，不燃灯火，易生危险，本条所以罚之也。

第十二款　息灭路灯者

路灯，所以便利公众夜间之通行，军警之巡逻，使在黑夜不致莫辨东西，庶几匪徒无从匿迹。息灭路灯，夜行者将因是而却步，宵小难免不乘间而窃发，明定罚则，所以维持夜间之交通也。若兼损坏路灯，并应援照第三十五条三款，第九条，第二十二条等并合违警之处置。（参看第三十五条三款）

第十三款　于谕示禁止通行之处，擅自通行者

禁止通行，必有不可通行之事实，或因修理道路，或因其他原因，擅自通行，或害及工作，或陷于危险，既示禁于事前，自应遵守停止通行。如有不得已事故，亦当请示许可，方可通行。不先请求许可，随意通行，无论是否藐视禁令，明知之而故犯之，自不能不罚之也。

第七章　妨害风俗之违警罚（第 43—45 条）

一切罪恶，皆发生于风俗之不良；风俗敦厚，罪恶自能减少；故善导民者，莫不注重于风俗；警察有维持善良风俗之责职，故本章特设妨害风俗之罚，所以敦民风厚民俗也。自第四十三至四十五凡三条。说明于下：

第四十三条　有下列各款行为之一者，处十五日以下之拘留，或十五元以下之罚金。
　一　游荡无赖，行迹不检者。
　二　僧道恶化及江湖流丐，强索钱物者。
　三　暗娼卖奸，或代为媒合，及容留止宿者。
　四　召暗娼止宿者。
　五　唱演淫词淫戏者。

本条列举五款，实为妨害风俗之尤，故为本章之冠。其罚为十五日以下之拘留，或十五元以下之罚金。分述于下：

第一款　游荡无赖行迹不检者

游荡无赖，行迹不检，不事职业，必至流于卑下；游手好闲，放僻邪侈，浸假而无所不为矣，此种无赖之地痞，难保非乘间窃发之宵小，游荡无赖，实为败坏风俗之媒介，此所以列于妨害风俗之首也。

第二款　僧道恶化及江湖流丐，强索钱物者

僧道不耕而食，不织而衣，方外之人，宜如何洁身自好，庶几无背教旨；乃竟习于无赖，强索钱物，乌可不罚。至于江湖流丐，尤属凶顽，甚至敲门撞户而来，强索硬讨而去，一若施主之家，为其外库，予取予求，莫之谁何者，罚之所以戢刁风，弭恶俗也。

第三款　暗娼卖奸或代为媒合及容留止宿者

暗娼，即私娼，对于公娼而言；各国对于娼妓，有采制限准许主义者，明定制限，给以许可证，使纳相当之税额，许公然为娼之营业，名曰公娼。其他秘密卖淫者，即为暗娼。暗娼卖奸，诱惑青年。传染花柳毒病，为害甚大；至于代为媒合及容留止宿，更不免害及良家，伤风败俗，莫此为甚；如被其媒合及容留止宿之人，为良家妇女，并非暗娼卖奸之流，希图卖奸营利者，则应依刑法二八八条处断，不在本款范围内地。

第四款　召暗娼止宿者

本款为补助前款之规定，以期贯澈禁止暗娼之效力。暗娼卖奸，或代为媒合，或容留止宿，固应处罚，若召暗娼止宿之人，不加处罚，则禁止暗娼卖奸，不但不能贯澈，而使召娼止宿之人，逍遥法外，殊非情理之平，旧违警罚法，无此规定，固属缺点，本法虽增此款，但既明定召暗娼止宿，则主重在召字，召者招之使来之谓，召暗娼止宿者，固可引本款处罚，被招致之暗娼，可引前款"暗娼卖奸"处罚，介绍之人，可引"代为媒合"处罚，容留双方止宿之人，可引"容留止宿"处罚，若止宿暗娼之处，或在容留止宿之处，奸宿暗娼，将引何款以罚之乎？容留止宿者，是否可包含奸宿暗娼之人，实为疑

问,倘本款改为"奸宿暗娼,或召暗娼止宿者"庶几有正条之处罚根据也。

第五款 唱演淫词,淫戏者

淫词淫戏,动人淫念,无知愚民,易受鼓惑,大为风俗之害;且唱演之人,本属寡廉鲜耻,但冀惑人之观听,奚知风俗之利害?丑能冶容,绮言谏语,龌龊之行为,蠢俗之词句,无所不用其极,丧心病狂,罚宜从重。

第四十四条 有下列各款行为之一者,处十日以下之拘留,或十元以下之罚金。
一 污损祠宇及一切公众营造物,情节尚轻者。
二 污损他人之墓碑者。
三 当众骂詈嘲弄人者。
四 当众以猥亵物加人身体,令人难堪者。
五 于道路叫骂,不听禁止者。
前项第三、第四款之违犯,经被害者告诉乃论。

本条亦为妨害风俗之规定;惟较前条为轻,其罚为拘留十日以下,或罚金十元以下,分列五款。说明于下:

第一款 污损祠宇及一切公众营造物,情节尚轻者

祠宇,指寺观坛庙教堂,及人民之家庙等而言。公众营造物;如:公署,学校,凉亭,园,纪念碑塔等;污损之情节尚轻者,如污其白垩之壁,损其门窗之板等类是也。对于坛庙寺观,如有公然侮辱之行为,即不得认为情节轻微,应依刑法第二百六十一条办理;不在本法范围内也。

第二款　污损他人之墓碑者

墓碑，为识别坟墓之标识；一经污损，则荒烟蔓草，邱陇棋布，纵无妨于辨认；而轻污坟墓之风，尤为我国礼俗所不许，特设此款，以示保护。所谓污损，但污损其字迹碑质，墓碑须仍存在不动；若墓碑已失其所在，且及于坟墓，则构成刑事上犯罪矣。（刑法第二六一条、二六三条参照）

第三款　当众骂詈嘲弄人者

本款骂詈嘲笑，以当众为要件，并不得指摘事实；若非当众骂詈，不成立本款之罚，若当众辱骂，且指摘事实，具体的表示其涉于道德之恶事丑行。嬉笑嘲弄公然侮辱，亦不成立本款之罚，实触犯刑律第三二四之罪矣，惟此种事件究不害及公众，且被害者亦有大量包涵，不与计较者，所以本条第二项规定，须告诉乃论也。

待告诉乃论者，在刑法上名之为亲告罪，未经被害人告诉，纵有他人告发，亦属无效；公署虽明知其有犯罪事实，亦可毋庸干涉也。

第四款　当众以猥亵物加人身体，令人难堪者

猥亵物三字之解释，从刑法上用语猥亵二字之观察（刑法第二百四十一条），所谓猥亵者，除奸淫以外，凡有关于人类生殖情欲之行为，违背善良风俗者皆是，则本法所谓猥亵物者，当为有关人类生殖情欲行为之物，可无疑义，如解为污秽之物，似嫌广泛，且污秽人之身体，本法第五十条第一款已另有规定，本款当然应从狭义解释。本款用意，在防止妨害风俗之轻薄行为，当公众之前，以猥亵之物加诸于人之身体，轻蔑侮辱，未有不令人难堪者，不加处罚，影响于善良风俗者甚大，此所以特设本款之规定也。本款依第

二项规定，须告诉乃论，与前款同。

旧违警罚法，无此规定，本款系国民政府修正时增订，而将旧法本条第四款使用人对于佣主及佣主之宾客，有狂暴之言论或动作者，删去，旧法规定此款须告诉乃论，事实上告诉此种违警者固甚鲜。如有其他行为，固可引用其他条款处置之也。

第五款　于道路叫骂不听禁止者

道路为公众通行之处，即公众之观瞻所系，平空叫骂，如因口角；一方已远而避之，而一方仍叫骂不已之类；不独易惹是非，恶声喧于道路，相率习为野蛮，岂敦美风俗之道哉。本款重在不听禁止，一经禁止，即行停歇。自不宜骤加以罚，本款与第三款之区别，在不必相对人之存在，又在第三十五条第八款，口角纷争，其行为似较本款为重，而罚反较本款为轻，殊不解也。

第四十五条　有下列各款行为之一者，处以十五日以下之拘留，或十五元以下之罚金。
　一　于道路或公共处所，为类似赌博之行为者。
　二　于道路或公共处所，赤身露体及为放荡之姿势者。
　三　于道路或公共处所，为猥亵之言语举动者。
　四　奇装异服，有伤风化者。

本条之罚，旧法本较前二条为轻，仅处五日以下之拘留，或五元以下之罚金；经国民政府修正，改为十五日以下之拘留，或十五元以下之罚金，（政府公报及内政部印发之书均为十五日以下，或十五元以下）列举四款，分述于下。

第一款　于道路或公共处所，为类似赌博之行为者

道路或公共处所，每有无赖团聚，为一种类似赌博之行为；其赌

具不一，或以金钱颠扑为输赢，或以竹签看点之大小，或以木石视点之红黑，其供输赢之物，亦非尽属金钱，有以食物代之者；无知愚民，最易受其欺骗，自应加以禁止。其为纯粹之赌博行为者，则应依刑律赌博罪办理，不在本款之内也。

第二款　于道路或公共处所，赤身露体及为放荡之姿势者

赤身露体，不必尽去其衣裳；即仅去其上衣，亦包含在内；惟我国现在社会情形，每值炎夏，一般下流社会，赤膊已成习惯；如不为放荡之姿势，则司空见惯，尚属可原；否则即宜绳之以罚，以挽颓风；至若尽裸其体，若非丧心病狂，即属不顾颜面，即无放荡之姿势，野蛮无耻，大伤风化，罚宜从重。

第三款　于道路或公共处所，为猥亵之言语举动者

猥亵之言语举动，最足惹人邪念，青年无知，闻见所及，易致放荡，奸淫之风，即随之而滋；在道路或公共处所，出此举动，其寡廉鲜耻，已成天性，不处以罚，风俗将因而日坏，社会道德不堪问矣。

第四款　奇装异服有碍风化者

服之不衷，为身之灾；自好者应知警惕；男女皆然，奇装异服，适见其丑；女子服装新奇，已属有伤大雅；甚至须眉男子，甘效女装，更属不顾廉耻；若不加罚，相率竞为诡异，风俗淫靡，为害滋甚。何者为奇装异服？则以是否有碍风化为断。要在审察当地之风俗，以为适当之标准，男用女装，女用男装，固属有碍风俗；即男用男装，女用女装，有时亦不能谓为无碍风化。总之凡与常用服饰相反，而足以惊骇耳目，有碍风化者，皆是；不能悉举，在随时认定之耳。

第八章 妨害卫生之违警罚
（第46—49条）

本章为保护公众卫生而设。我国对于卫生之道，素不讲求；而于公众卫生，更鲜有计及之者；不知妨碍卫生，直接有害健康，间接即损害财产，废弃业务，无形之受害，实非浅鲜，本章特加规定，洵属急务，自第四十六条，至四十九条，凡四条，依次述之。

第四十六条 有下列各款行为之一者，处十五日以下之拘留，或十五元以下之罚金。

一 示经公署准许，售卖含有毒质之药剂者。

二 于人烟稠密之处，开设粪厂者。

三 于人烟稠密之处，晒晾或煎熬一切发生秽气物之品，不听禁止者。

四 售卖春药、堕胎药，及散布此等告白者。

五 以符咒邪术，医疗病者。

六个月以内于同一管辖地方，违犯前项第一款至二次以上者，应令停业。三次以上者，得勒令歇业。

违犯第一项第二款者，勒令歇业。

本条列举妨害卫生之违警，在本章中情节较重，故罚亦为本章之最，处十五日以下之拘留，或十五元以下之罚金，所列四款，分述于下：

第一款　未经公署准许，售卖含有毒质之药剂者

含有毒质之药剂，纵能治病，究易发生危险；既经公署准许，必已详加审查，认真化验，有利于病，无贻后患，自可准其售卖；不然者，公署未经准许，则含有毒质，究竟能否治病？以及所含有之分量若何？毒性若何？公署未经化验，何从而知，难保不生危险；无耻奸商，每有专用辛毒之品，巧立名目，但求顷刻之速效，不顾将来之利害，揭诸广告，说得天花乱坠，考其实际纯用骗术欺人，擅自售卖，乌可不罚？罚而不改，六个月内于同一管辖地方，复敢再犯，利令智昏，应令停业；三次以上，自非勒令歇业，不足蔽辜。本条第二项所以明揭之也，至含有毒质之药剂，即为违警所用之物，当然应予没收，本法第十六条已有规定。

第二款　于人烟稠密之处，开设粪厂者

人烟稠密之处，房屋栉比，居民繁多，力求清洁，犹不免有秽气薰蒸；间以粪厂，恶臭奔腾，势必酿成疫疠，殊非慎重民命之道：如果有此事实，主罚而外，自非即时勒令歇业不可。本条三项规定，不待再犯，即须勒令歇业；且并无得字，意即在此，参看第十八条说明，粪厂与便所不同，固无待烦言者也。

第三款　于人烟稠密之处，晒晾或煎熬一切发生秽气之物品，不听禁止者

发生秽气之物品，嗅觉受其感触，最易致病，熬煎晒晾，则秽气受热力之蒸发，势必更甚；人烟稠密之处，于公众大有妨害，自应力加禁止，禁而不听，惟有以罚戒之耳。

第四款　售卖春药堕胎药，及散布此等告白者

春药者，导淫之药，性必剧烈，最易发生危险；即使纯正和平，亦系助长淫欲；用药堕胎，不独伤害胎儿生命，甚且危及怀胎之妇女，散布此等告白以为招徕，即售票之意思表示，自宜与售卖同一处罚。堕胎罪，刑法本有专章（刑法第二十三章）。售卖堕胎药，与刑法第三百零五条，受其嘱托为之堕胎之行为，相差仅一间耳。若公然散布堕胎药之告白，则与刑法第三百零八条以文字图书或他法公然介绍堕胎之方法或物品之行为无异，应依刑法科断。

第五款　以符咒邪术，医疗疾病者

符，为宗教家所传授之信号，咒，系宗教家所传授之密语，转辗相传，不免以误传误，或者假符咒之名，行欺诈之实，医疗非但不能见效，轻则耽误疾病，重则危及生命。本款处罚之规定，盖所以为慎重民命，破除迷信计也。

第四十七条　有下列款行为之一者，处十日以下之拘留，或十元以下之罚金。
一　应加覆盖之饮食物，不加覆盖，陈列售卖者。
二　搀杂有害卫生之物质于饮食物而售卖，借牟不正之利益者。
三　售卖非真正之药品，或深夜逢人危急，拒绝买药者。

本条例举违警行为，凡三款，其罚为十日以下之拘留，或十元以下之罚金，分述于下：

第一款　应加覆盖之饮食物不加覆盖，陈列售卖者

应加覆盖之饮食物，不加覆盖，易蒙尘污，至易招苍蝇之饮食

物，尤应加以覆盖，以免有害卫生。盖苍蝇最易传染疾病；如：腹泻，痢疾，霍乱，肠炎等症，类多起于传染；蝇有六足，足上生有无数细毛，常排泄一种形似胶类之物，其性喜集于污秽之处，如厕所，粪桶，粪堆，死兽，霉物，以及其他腐烂尸骸等。此等处所，又为其蕃殖滋生之所，其聚集于饮食物也，微生物即与其足而俱至；产生之蝇子，及其排泄物，更属有毒；遗留于饮食物之上，人不及察，食之而病作矣。防备之法，惟有于易惹苍蝇之饮食物，加以纱制之覆盖；至于何种饮食物，应加覆盖，何种可不必加；各省大都有关于卫生之单行章程，应加而不加，陈列售卖，其不愿公众卫生甚矣，乌得不罚。

第二款　搀杂有害卫生之物质于饮食物而售卖，借牟不正之利益者

奸商恶贩，售卖饮食物，每每不顾公众之利害；惟知贪图厚利，搀杂有害卫生之物质，其情甚为可恶；有害卫生之物质，如馁鱼败肉以及有毒之颜料等，又如夏令以生冷不洁之水，制成冷食，借牟不正之利益者，是亦一例也。且搀杂之物，融和混合，颇有不易觉察者；饮之食之，即隐受其害矣，故于此种奸商恶贩，一经发觉，罚宜从重，所以重卫生，即所以重民命也。

第三款　售卖非真正之药品或深夜逢人危急，拒绝卖药者

药品所以供人医治疾病。药品之真伪，与人之疾病关系至大；伪药贻害，不独不能治病，有反而致生其他之病或竟伤及生命者。业此者，宜如何激发天良，拣选道地。庶几无愧天人；至于深夜购药，必属危险急症，忍于拒绝，其漠视人命，可恶实甚；并列同科，洵属至当。

第四十八条　业经准许悬牌行术之医生，或产婆，无故不应招请者，

处十元以下之罚金；其应人招请，无故迟延者，亦同。

本条规定医生、产婆，无故不应招请或迟延之违警。东西各国，对于以医为常业者，均须经公署之许准，试验及格，给以凭证，方许悬牌行术；产婆亦系医业之一，亦须同受准许；所谓悬牌行术，则不悬牌者，当然不在本款之内。无故者，无正当理由之谓。正当理由，如有不得已之事故，或有切己之事，不能分身，或招请者过多，时间不及等，均得谓为正当理由，不应招请；拒绝不往。迟延，则仅为时间问题，当病势危急或将临产之时，一发千钧，延请之家，迫不及待，医生产婆，亦宜本其天良，迅即赴召，方为尽其职务；任情漠视，心实可诛，处之以罚，谁曰不宜。

第四十九条 有下列各款行为之一者，处五元以下之罚金。
一 毁损明暗沟渠，或受公署督促，不行浚治者。
二 装置粪土秽物，经过街道，不加覆盖，或任意停留者。
三 于商埠繁盛地点，任意停泊粪船者。
四 以秽物，或禽兽骸骨，投入人家者。
五 于道路，或公共处所便溺者。
六 污秽供人所饮之净水者。

本条规定为妨害卫生最轻之违警罚。其罚为五元以下之罚金，分列五款，说明于下。

第一款 毁损明暗沟渠，或受公署督促不行浚治者

沟渠，所以流通积水，庶几街道不致于淤污；一经毁损，则泥沙淤塞，积水不能流通，即属有害卫生；至受督促而不浚治，与毁损判为两层，绝不相干；其沟渠为自筑，抑属于他人，或公署，均无关系，盖本款重在妨害卫生，沟渠既失效用，蓄水不能流通，有害公众

卫生，实与毁损无异；公署为慎重卫生起见，督促限期浚治；逾期不浚，自非处罚不可。

第二款　装置粪土秽物经过街道不加覆盖，或任意停留者

粪土秽物，本极恶臭，肩挑搬运之际，震摇动荡，秽气四溢，途人势必掩鼻而过；加以覆盖，秽气庶可稍减。本款所以对于不加覆盖者有罚。至任意停留，不独有碍交通，其弊正与不加覆盖相等，故处以同等之罚。东西各国，于道路之清洁，异常注重。警察行政，对于秽物之搬运，装置之时间方法，类皆有详密之规定。我国现在尚无专章，未始非一缺点也。

第三款　于商埠繁盛地点任意停泊粪船者

本款与上款同为防止秽气逼人慎重卫生而设。惟上款为陆上之通路计，本款则为水上之通路计也。商埠繁盛地点，人烟稠密，任意停泊粪船，有害他种商船之停泊；居民商铺，亦同受其害。此所以禁止之也。

第四款　以秽物或禽兽骸骨，投入人家者

秽物及禽兽骸骨，均有微生虫；感触所及，易致疾病。仅云投入人家，则以投入为既遂；落于何处，可不必问。人家包含人民住宅，商人店铺而言。至于船舶，在法律上，视同房屋，投入船舶，亦成立本款之罚。

第五款　于道路或公共处所便溺者

道路或公共处所便溺，为野蛮人种之恶习，文明国民，何可有此

行为，国家亦何可放任，不加干涉。且道路或公共处所，关系公众卫生，随处便溺，焉可不罚。一般小民每易疏忽，所赖巡警严加禁止耳。

第六款　污秽供人所饮之净水者

旧违警律本有偶因过失，污秽供人所饮用之净水，致不能饮用之规定。旧违警罚法删去，本法经国民政府修正，复增此款，其所污秽者，须为供人所饮之净水，非供人所饮之净水，不成立本款之违警也。

污秽者，使不清洁之谓，污秽供人所饮之净水，使不清洁，使不能供人之饮用。便成立本款之违警，原为防止妨害公共卫生而设，但不必有妨害卫生之实害也。若投放毒物，或混入妨害卫生物品，于供公众所饮之水源、水道，或自来水池者，则应依刑法第二百零四条第一项处断。不在违警范围内也。

第九章　妨害他人身体、财产之违警罚
（第 50—52 条）

本章规定妨害他人身体或财产之违警罚。其妨害之行为，若涉及刑事，则应受刑法之制裁，不在本章范围之内，本章自五十条至五十二条凡三条，分述于下：

第五十条　有下列各款行为之一者，处十五日以下之拘留，或十五元以下之罚金。

一　加暴行于人，或污秽人之身体，未至伤害者。

二　以不正之目的，施催眠术者。

本条规定为妨害他人身体之违警，其罚为十五日以下之拘留，或五十元以下之罚金，分别两款，说明于下：

第一款　加暴行于人或污秽人之身体，未至伤害者

暴行者，强暴之行为，如挥拳踢脚，恃强殴打之谓。所谓加暴行于人，系指加暴行者而言；其被加之人，因抵抗而生之举动，以及因何事故，均可不问。何则，纵有事故，仅可诉诸官署，请求办理，自力救济，为近世法律所不许，法文不加无故二字，意即在此。污秽人之身体，系以污秽之物，加于人之身体，污其身体上所着之衣服，或污其身体，固无分别也。但均以未至伤害为要件。已至伤害则成立伤害罪，应受刑法第二九三条科断矣。尤宜注意者，加暴行于人，此人

字之界限，不可不加研究，受其暴行者，若为尊亲属时，依我国刑法第二九三条之规定，亦应受刑法之制裁，不在本款范围之内也。

第二款 以不正之目的施催眠术者

催眠术，系以心理学上暗示之方法，使被催眠者暂现睡眠状态，而惟催眠者之命是从；既被术以后，解除其术，亦以暗示或惊觉之方法，使之觉醒，即回复其心性之原状矣。在东西各国，或用以治病，或有用之以取犯人之口供者。我国现亦有研究及之者，非道德高尚，难免不以术惑人；一或不慎，易滋危险。所谓不正之目的，如借术探人秘密等是也。若施术图奸，或为猥亵行为，已构成刑法（第二四〇条、二四一条）上之犯罪矣，不在本款范围内也。

第五十一条 有下列各款行为之一者，处十日以下之拘留，或十元以下之罚金。

一 解放他人所有牛马，及一切动物者。
二 漏逸或间隔蒸气、电气，或煤气，未至生公共危险者。
三 解放他人所系舟筏，未至漂失者。
四 强买强卖物品书类，迹近要挟者。

本条规定妨害财产之违警，其罚为十日以下之拘留，或十元以下之罚金，分款说明如下：

第一款 解放他人所有牛马及一切动物者

他人所有牛马，及一切动物，亦财产之一种；解放者，解其所系之绳索而放之也，但使脱离其羁束而放纵之者，亦应包含在内。本款旧违警法以未走失为限；若已走失，则应依刑律第四〇六条第三款纵逸他人之动物科断，本法既将未至走失字样删去，刑法亦将刑律第四〇六条删去，原理由，以其行为，过于轻微，不必牵入刑事范围，本款之适用，固不必分已走失或未走失，但处罚自不可不斟酌出之也，至走失之牛马，或其他动物，可依第十九条之规定，因违警行为，致损坏或灭失物品者，除依法处罚外，并得酌令赔偿，此固当然之理也。

第二款　漏逸或间隔蒸气、电气或煤气，未至生公共危险者

漏逸者，使其气体漏逸之谓，间隔者，阻其流通之谓。蒸气，如热气管内之蒸气，或供蒸发之蒸气。电气，如电灯电炉或供电力用之电气。煤气，如供煤气灯、煤气灶用之煤气。漏逸，或间隔，均足发生极大之危险，与公共之生命财产有关，本款规定以未至生公共危险者为限，仅单纯漏逸或间隔之行为，方为本款违警，所以预防公共危险也。

若漏逸，或间隔蒸气，电气，煤气，致生公共危险者，应依刑法第一百九十一条处断。其界限固甚分明也。

第三款　解放他人所系舟筏，未至漂失者

舟筏，亦财产也。本款明示他人所系，则不系者，即无所谓解放，法文虽明示以未至漂失者为限，但已至漂失者，如何处分，并无明文规定，刑法既无正条，则已至漂失者，亦只可照违警处分，但可适用第十九条酌令赔偿耳。未至漂失四字，显系赘文，不知立法者何以未删除之也。

第四款　强买强卖物品书类，迹近要挟者

买卖行为，应得双方之同意，强买或强卖，一方失其同意之权，

直接侵犯其自由，间接即侵犯其财产；迹近要挟者，使其有不得不卖，或不得不买之表示，以冀遂其强买强卖之目的者是也。其情甚为可恶，自不可无罚以制裁之。

第五十二条　有下列各款行为之一者，处五日以下之拘留，或五元以下之罚金。

　　一　无故强人面会，而追随他人之身傍，经阻止不听者。
　　二　无故毁损邸宅题志，店铺招牌，及一切合理告白者。
　　三　任意于人家墙壁或建筑物，张贴纸类，或涂抹画刻者。
　　四　在他人地内，私掘土块，石块情节轻微者。
　　五　采折他人之树木，花卉或菜果者。
　　六　践踏他人田园，或牵人牛马者。

本条除第一款含有妨害身体安全之虞外，其余各款，均属妨害财产之违警，其罚为五日以下之拘留，或五元以下之罚金，分列六款，说明于下：

第一款　无故强人面会，而追随他人之身傍，经阻止不听者

无故者，无正当事由之谓。愿会与否，本属人之自由；无故强人会面，纵非强求硬借，必有其他不正当之行为，妨害他人之安全自由，至追随他人之身傍，阻止不听，难保不希图剪绺偷窃，或其他恶意之行为。列于本章，意盖在此欤。

第二款　无故毁损邸宅题志、店铺招牌及一切合理告白者

邸宅题志；如：门条、门对、门牌，等等，店铺招牌，商店所以

表示商号商品者皆是，合理告白，一切不背正理之广告，如招租招卖之招贴，亦其一例。店铺招牌及一切合理告白，所以招徕顾客，毁损云者，不必全部毁灭，即其物质依然存在；但使毁坏损伤便已构成违警，如有正当理由，又当别论，此法文所以有无故二字也。

第三款　任意于人家墙壁或建筑物，张贴纸类或涂抹画刻者

张贴纸类，如粘贴广告之类，涂抹画刻，如涂抹颜色，画刻字画等是。任意云者，不审可否，而依己意任情为之者是也。人家墙壁，或建筑物，粉饰油漆，在在需费，任意张贴纸类，或涂抹画刻，物质被其损坏，即属损害财产。如果所失较大，并可依本法第十九条酌令赔偿；若非任意而得主权者之承诺者，自不适用也。

第四款　在他人地内私掘土块石块，情节轻微者

私掘者，未得许可擅自挖掘之谓。土块石块云者，指大小方圆残整不一，并未加以人工者而言，所谓情节轻微者，所掘不多，财产上无若何之损失者谓。若加有工作之土块石块，已供一定之用者，如有私掘，即不得谓之情节轻微，虽未加工所掘过多，损害较大者，亦不得谓之情节轻微，均不适用本款之规定也。

第五款　采折他人之树木花卉或菜果者

他人之树木花卉，或菜果，应取广义解释；除自己以外，不问为公有，为私有，均包含之。在私人之田野园圃，采食菜果，或采树木花卉，固为违警；即在公园或公署亦属违警。采折数量过多，财产损失较大，并得依第十九条酌令赔偿。

第六款　践踏他人田园，或牵人牛马者

践踏他人田园或牵人牛马，则田园内之种植，必遭蹂躏，绳之以罚，所以保持公益也，损失较大，并可依第十九条酌令赔偿。若田园并无种植，又无准备种植之工作，荒畦败圃，通行其间，或牵人牛马。自无所谓违警也。

附　则（第 53 条）

第五十三条　本法自公布日施行。

　　本条规定施行之日期，本法系国民政府民国十七年（1928 年）七月二十一日公布。公布者，公示布告，所以使全国人民一体周知者也。公布日施行，即公布之日，发生适用效力之谓也。

附 录

首都警察厅办案须知

甲　人民报案（告诉、告发）之收受

一　人民猝遭危害（杀伤偷盗等），急向警察报告时，如离局或分驻所近者立即引导其到局或分驻所口头报告。

如相离甚远者，应即由警察用电话（得借用商店电话）报局及分驻所，局与分驻所接到报告应察酌案情之轻重，局长或局员或巡官侦探（办案时局长得直接指挥侦探，侦探得直接指挥警察。）率长警驰往查勘检验，同时电告司法科速派指纹、警犬、摄影等项侦探技术人员驰往搜寻指纹，足迹或犯人遗留物件，不得延误。

在指纹等项人员未到之前，局与分驻所务先速派警察将犯罪地点看守，以保存犯罪原状（劝事主勿移动物件，更须禁止闲人走近观看）。

因犯人手所接触之处，肉眼不见手印而一施技术即可发现指纹，苟他人之手亦会接触，则显出指纹多而杂便无从断定何一个是犯人之指纹。

又犯人走过之处，警犬能嗅而跟踪追寻之，若他人亦曾行走则足迹多而杂警犬无从辨别，是以希望从速破案，必先要认真保存犯罪原状，切须注意。

二　报案者如认识现行犯，能指出其相貌或所失赃物有特别标记，可一望而知者，务速由局或分驻所电告各局各分驻所暨司法科，侦探队在城门车站轮埠一体兜截，切勿要先分驻所办公文辗转呈报，坐误时机致使人犯远逃（速由局或侦探队油印通告单分发，亦可）。

三　如有人向巡官长警告人侮辱诈欺等等普通刑事案件，宜指导其直接到局去告（毋须由分驻所办公文转报）。

四　如有人为口角（如买卖相争等）细故或相扭到分驻所者，巡官可先为之排解，如其排解了事，只须报局备案，如其不服排解，应于一小时内由巡官或派巡长率警送其到局，向收案之局员口头报告情形，毋庸缮具文报，徒费时间。

五　警局门岗对于来报案之人，应立即引导其至局员收案之处（宜仿邮政局式，于办公室划定一格或收案处指定局员，直接收案），如有呈状者，即就收案之处盘问之。（因不识字者，托人代做呈状，其文字每与事实不符。）如无呈状者，即照其口头报告，由录事照录，对其朗读，（能写字者，亦可临时命其自写。）命其签名或再加盖名章店戳，如不能写字者得命捺指纹。

六　对于来告之人，即于办公室收案处详加盘问，（切勿动辄用开庭形式，使来告者久候。）察其虚实，如其来历不明，又无确切证据时，得命觅保人具结，负随传随到之责，然后再派便衣员警或会同侦探向被告方面秘密侦查，在未查实以前万不可即凭一面之词，遽往搜索拘捕，以防诬陷良民。（拘传搜查，须依刑事诉讼法之规定。）

七　警察本有指导人民之责，如所告系属军人或属民事范围（告诉人，每有将民事故意改作刑事者。）宜即指导其径赴主管机关告诉，万勿被蒙误行受理侵犯权限。

乙　搜捕押送之手续

八　巡官侦探长警见有：(1) 现行犯，(2) 通缉有案者，应立即拘捕直送局，径向局长或收案之局员口头报告，即由录事照录或命自写（宜预印成获犯报告表式，临时填写）。由获犯之员警签名盖章（此即替代以前分驻所报解文）。

但侦探获犯交局后，应即补报侦探长主任，如系长警拿获解局后，应补报分驻所巡官，以资接洽。

九 如所获系情节甚轻之违警者（如口角扭殴等），于被拘后即表示悔过求免解局时，可先到分驻所由巡官排解或训诫，命具悔过结，交保释出，或由电话向局请示核办了事，后报局备案。倘分驻所排解不能，了结时务于一小时内解局，仍只须口头报告情形，毋庸由分驻所录供，及缮办文报，以免延误时间。

十 入室搜赃拘人时，必须命在场眼见之人证明，并未取及案外物件，如取赃物若干，即时开单，命被告暨在场眼见之人签名，证明，以免事后被人诬告窃取物件。

十一 查户籍或因其他公事发现人有犯罪嫌疑时，宜即一面秘密监视，一面报告局长派员警持票去搜捕，万不可先报告即任意入室搜索，既属违法且每至引起纠纷，反被人指为抢劫切宜审慎。

十二 拘提押送人犯时应注意下列各点：

1 不可侮辱。（如命烟犯捧烟盘游行等等，有妨首都观瞻之状态）

2 不可虐待。（如打骂或无捆缚锁拷之必要者，而任意捆锁之）

3 如人犯多或抗拒或案情重大（如□□[①]匪盗等），中途有脱逃之虞时，方得因其必要使用捕绳，或将两人之手联拷，但亦不可使其受伤。

4 如闲人围观或群随人犯之后行走时，须立即劝散之，以免妨秩序碍交通，即最繁盛之街市如可避免时，亦不宜使人犯经过。

---

① 此为"共产"。

5　人犯有二名以上时，不准其互相谈话，并不准其向闲看之人说话，以防串供或唆使湮没证据。

6　如有被害人或证人同行赴局时，须使与人犯离开，不准其与被告接近说话。

丙　侦讯处理

十三　局长或局员于获到人犯时，先使原办之员警报告情形完毕，立即开始侦查讯问，但侦讯应分三种方式：

1　问被害人或证人或情节极轻而有相当声望之违警者，可即于办公室收案处讯问之。（毋庸捺指纹纸）

2　如情节较重之犯，应严讯澈究其同伙，或追赃者则宜至密室，严密侦讯之。

3　如案情明显，证据确凿者，即可出坐公案讯问之。

十四　讯问时之问答（即讯问之话及人犯供词）俱须记录。（如录事不知录问，答供格式，可至司法科查看）

十五　讯问既毕，认为有罪，应捺指纹纸者，即命其捺印指纹后暂予看管（同一案之犯，不可同押一间，以防串供）。侯决定办法，再宣告。

十六　如疑被告前曾犯案，可先捺指纹纸送司法科，指纹室必于十分钟内查明签注，交原手带转。

十七　如局员讯问者，应即将讯供情形口头报告局长密议如何处理。（可于下列七种办法中选择其一）

1　违警者，即决定照何条文，如何处罚。

2　如系刑事之现行犯（例如正在吸鸦片烟者，当场拿获），或赃证确凿（如窃案人赃并获），或急须检察官检验者（如受有重伤之人），应即由局直接移送法院，由局员拟就移送单稿（预先印成移送单，临时填写），经局长核定后交录事照缮，移送单正本。

3　如违警或犯刑事者讯明确系现役军人，立即通知其本部队速派员来提回自办，如部队在京者，则立即送卫戍司令部。

4　如有下列情形之一者，应呈解本厅：

（一）共产或其他反动案及案情重大办理繁难者。

（二）第2款所列现行犯等以外之案 及应查有无另犯别案
之惯窃或厅中有案者。

（三）违警者不服局中审判。

（四）亲告罪之自诉人拟请免移法院时。

5　刑事被告数人之中有似系无罪，或虽似有罪而情轻者，或病重者倘有妥实商人来保能负责随传随到者，就提出交保。

6　刑事被告之外，如尚有告诉人告发人证人，暨依刑事诉讼法不须羁押之人者不可押同解送，应命其在外候传，或命自赴厅院对质，但于必要时可交保，以免厅院传质时不到。

7　倘问出余犯及赃物须再去拘人或搜赃时，则暂缓解送速向司法科商议合法手续，切不可因急于移送而放弃缉拿余犯及搜赃之责。

十八　依照前条议定办法后局长或局员应再出席提集人犯先将问答笔录，由录事朗读命其签名或盖章或捺指纹（即俗呼画供），及将庭谕（即决定之办法）宣告之。

十九　判决违警者一经宣告，立即执行。

罚金者当庭缴款，即给收据，门岗即凭此收据放行，如不能当庭即缴者，应命其取保具结定一限期。（不得候五日）

到期来缴时，门岗应引导其至办公室直接缴纳，立即填给收据，必亲交本人之手（可仿邮政局式，指定一格为收罚金处），万不可由长警或传达处代收代缴：(1) 防其在门首缴款，即走不候收据，使他人疑为无收据。(2) 免经手人留难或浮收。

二十　罚金如五日已满，尚不缴时，或本人自请易科拘留时，方可易科拘留。在未易科拘留以前之羁押日数，不得折抵，但非有万不得已之情形，不得将判处罚金之犯，先行羁押。

丁　案件之解送及呈报

二十一　由局直接移送法院检察处之案从拘获时起至移送之时止，共计不得超过二十四小时。（连夜间计算在内）

二十二　凡呈解本厅之案，从拘获时起至送司法科之时止，不得超过下列之时间

1. 从浦口起解者，限六小时。
2. 从第十局以北起解者，限五小时。

其余俱限四小时。

前列之时间如遇例假或非办公时间，应除出计算。（譬如浦口于下午七时拘到之犯至次日下午二时送到司法科者，应认为未超过六小时之定限）

附说明：

查约法限定之二十四小时系连夜间计算在内，即一日之谓也，实际本厅各科每一日之规定办公时间不过十小时，所以从拘捕以至送科之时间不得不有限制，否则司法科纵夜间办公，亦不能于规定时间内转送到法院。（以后凡解送单及收据，俱要填时刻）

二十三　各局苟疑某人犯罪或因其被告传来讯问者苟讯无犯罪证据（即人证、物证及口供俱无），无甚嫌疑时，宜立即交保负随传随到之责，一面再详细侦查（万不可押候侦查），是人犯既未羁押，即

不受二十四小时之限制，无论至何时日一查到实据，仍可随时传案填单解送，且可不传人押解只填解单将保结解送，亦可以后对于年老有病妇孺俱可只送保结，因司法科及检察官皆可凭保结传讯，斯不受二十四小时之限制，此点应特别注意，否则各局侦查既不能周详，且惟恐逾期一味粗忽易蹈违法。

二十四　凡录供及其他应抄送之件，宜用复写纸，同时可得三份。以一份存局归卷，一份随单移送法院，一份呈厅，便省却时间不少。

二十五　起获赃物如有搬运不便或易损坏（如极珍贵之珠宝饰物），宜先给失主领回取具领结随案解送，以作证据，如失主不急于要领之赃物，则可随案解送以作物证，一面通知失主径向厅院认领。

二十六　各局每日应将移送法院及自办之违警等各案件列表送厅（表式依本厅所规定者），案情较重或与他案有关者，除列入日报表，仍须将详情另行呈报，或即将移送单抄本送厅，移送法院之烟案，除送移案单抄本外，应再填禁烟委员会所定之缉获烟案报告表，由司法科汇总，以凭转呈而昭成绩，切勿遗漏。呈送单表不须另办呈文。

二十七　凡由局直接送法院之案，其指纹纸仍须送本厅指纹室，以免缺少。

二十八　此办案须知，虽为各局而定，但督察处保安特务侦探各队凡在同一情形之事，俱应照办，以资整齐而免违法。

刑事诉讼法　摘要

第三十五条　传唤被告,应用传票。

第四十条　被告经传唤无正当理由不到者,得命拘提。

第四十一条　被告无一定住址者,得不经传唤径行拘提。

第四十二条　被告犯罪嫌疑重大且有下列情形之一者,得不经传唤径行拘提。

　　一　有逃亡之虞者。

　　二　有湮灭或伪造、变造证据之虞者。

　　三　有勾串共犯或证人之虞者。

第四十三条　被告犯死刑、无期徒刑或最轻本刑为五年以上有期徒刑之罪嫌疑重大者,得不经传唤径行拘提。

第四十四条　拘提被告,应用拘票。

第四十七条　司法警察遇有急迫情形,得于管辖区域外执行拘提。

第四十八条　执行拘提,应以拘票示被告。

第四十九条　现行犯不问何人,得不用拘票径行拘提。

　　犯罪在实施中,或实施后即时发觉者,为现行犯。

　　有下列情形之一者以现行犯论:

　　一　被追呼为犯人者。

二　于犯罪发觉后最近期间内持有凶器、赃物或其他物件可疑为该罪之犯人，或于身体衣服等处显露犯该罪之痕迹者。

第五十条　被告逃亡或藏匿者，得命通缉。

第五十四条　执行拘提或逮捕，应注意被告之身体及名誉。

第五十五条　被告抗拒拘提逮捕或脱逃者，得用强制力拘提或逮捕之，但不得逾必要之程度。

第七十一条　管束羁押之被告以维持羁押之目的及押所之秩序，必要者为限。

被告得自备饮食及日用必需物件并得接见他人及接受书信物件，但妨害羁押之目的及押所之秩序者，不在此限。

被告非有暴行或逃亡自杀之虞者，不得束缚其身体。

第七十八条　羁押之被告系犯最重本刑为拘役或专科罚金之罪者，如经具保声请停止羁押，不得驳回。

系专科罚金之罪者，其保证金不得逾罚金之最多额。

第七十九条　羁押之被告得不命具保而责付于其亲属或该管区域内，其他适当之人停止羁押。

受责付者，应命出具证书，载明如经传唤应令被告随时到案。

第八十条　羁押之被告得不命具保而限制其住居，停止羁押。

第八十一条　停止羁押后有下列情形之一者，仍应执行羁押。

一　传唤无正当理由不到者。

二　受住居之限制而违背者。

三　因保证金额不足，命令增加而不缴纳者。

四　因发生新事实，依第四十二条或第四十三条有羁押之必要者。

第八十七条 传唤证人应用传票。

第八十九条 传票除应急速处分者外,至迟应于到案日期二十四小时前送达。

第九十二条 遇有必要情形得命证人偕往指定之处所。
证人无正当理由拒绝偕往者,得命拘提。

第九十四条 证人有正当理由不能到案者,得按其情形就其所在地讯问之。

第九十七条 以公务员或曾为公务员之人为证人而就其职务上应守秘密之事项讯问者,应得该管监督公务员之允许。
前项允许除有妨害国家利益者外不得拒绝。

第九十八条 下列各人得拒绝证言:
一 为被告之亲属者,其亲属关系消灭后,亦同。
二 为被告之未婚配偶者。
三 为被告之法定代理人、监督监护人或保佐人者。

第九十九条 医师、药师、药商、产婆、宗教师、律师、辩护人、公证人及其业务上佐理人,或曾居此等地位之人,因业务上知悉之事实有关他人之秘密者,得拒绝证言,但经本人之承诺者,不在此限。

第一百零五条 证人于侦查或审判中除特别规定外,应令具结。

第一百零六条 下列各人不得命其具结:
一 未满十六岁者。

二　因精神障碍，不解具结之意义及效果者。

三　与本有共犯或有藏匿犯人及湮灭证据罪、赃物罪之关系或嫌疑者。

四　系被告第九十八条之关系人，而不拒绝证言者。

五　于自诉程序系自诉人第九十八条之关系人者。

第一百零九条　具结应于结文内记载当据实陈述决无匿饰增减等语，但于陈述完毕后具结者，应记载系据实陈述，并无匿饰增减等语，结文应由书记官朗读之于必要时，并应说明其意义。

结文内应命证人署名或捺指纹。

第一百一十五条　讯问证人应作笔录记载下列事项：

一　讯问及证人之陈述。

二　证人不具结者，不具结之事由。

三　讯问之年月日及处所。

笔录应命书记官向证人朗读，并询以记载有无错误。

证人请求将记载更正者，应将其更正之陈述一并记载。

笔录应由讯问之检察官或推事署名盖章，并命证人于其陈述记载末行署名或捺指纹。

第一百二十一条　鉴定人应于鉴定前具结。

具结应于结文内记载必本其所知为公正之鉴定等语。

第一百三十九条　对于住宅或其他处所及船舰有相当理由可信为被告或证据物件及可以没收之物件存在者，得搜索之。

对于人之身体及携带之物件有相当理由可信为证据物件及可以没

收之物件存在者,得搜索之。

搜索妇女之身体,应由妇女行之,但不能由妇女行之者,不在此限。

第一百四十三条 搜索票应记载下列事项:
　　一　应搜索之处所或身体。
　　二　发票之公署。
　　发搜索票之公务员应于搜索票署名盖章。

第一百四十六条 执行拘提、逮捕或羁押时,得不用搜索票径行搜索住宅或其他处所及船舰。

第一百四十八条 有下列情形之一者,得不用搜索票径行搜索住宅或其他处所及船舰。
　　一　因追蹑现行犯或逮捕脱逃人者。
　　二　有事实足认为有人在内犯罪而情形急迫者。

第一百四十九条 夜间非有前条情形之一者,不得搜索住宅或其他处所及船舰。
　　日间已开始搜索者,得继续至夜间。
　　称夜间者为四月一日至九月三十日午后九时起至午前五时止,十月一日至三月三十一日午后九时起至午前七时止。

第一百五十条 下列处所夜间亦得搜索之:
　　一　假释人住居或使用者。
　　二　客栈饮食店及于夜间公众可以出入之处所仍在公开时间内者。
　　三　以赌博或妨害风化行为为营业者。

第一百五十二条 搜索住宅或其他处所及船舰由检察官或推事行之

者，应命下列之人在场。

一　被告但不能命其在场或认为于搜索有妨害者，不在此限。

二　户主船主或管理人但不能在场时得命该住宅处所或船舰内之一人在场，搜索非由检察官或推事行之者，除前项所列之人外应更命二人在场。

第一百五十四条　搜索中发见文书或其他物件与本案无关而显犯他罪之证据者，应暂行扣押送交该管检察官处分。

第一百五十五条　扣押及搜索应作笔录记载实施之年月日处所及其他必要之事项。

扣押物件应于笔录内详记名目或别作目录附后。

笔录应由扣押搜索之检察官或推事署名盖章并命在场之人署名或捺指纹。

第一百九十条　公务员制作之文件不得窜改或挖补，若有增加删除或附记者应盖章其上，并记明字数，其删除处应留存原文，以便辨认。

第二百二十一条　不问何人知有犯罪之嫌疑者，得为告发。

第二百二十四条　告诉、告发以言词为之者检察官或司法警察官应作笔录向告诉人、告发人朗读，命其署名或捺指纹。

第二百二十七条　下列各员于其管辖区域内为司法警察官有侦查犯罪之职权与检察官同，但于查获犯罪嫌疑人后除有必要情形外应于三日内移送该管检察官侦查：

一　县长。

二　公安局长。

三　宪兵队长官。

第二百二十八条　下列各员为司法警察官，应听检察官之指挥侦查犯罪：

一　警察官长。

二　宪兵官长军士。

三　依法令规定关于税务、铁路、邮务电报、森林及其他特别事项有侦查犯罪之权者。

第二百二十九条　下列各员为司法警察，应受检察官及司法警察官之命令侦查犯罪：

一　警察。

二　宪兵。

第二百三十三条　司法警察官知有犯罪嫌疑者，应即通知该管检察官，于检察官开始侦查前，应实施下列处分：

一　记载可为证人者之姓名、性别、住址及其他足资辨别之特征。

二　调查易于消灭之证据，及其他犯罪情形。

三　犯罪时在场之证人，恐侦查时不能讯问者，得先行讯问。

第二百三十四条　司法警察知有犯罪嫌疑者，应即报告司法警察官或该管检察官，遇有必要时并应实施前条第一款及第二款之处分。

第二百三十五条　警察官、司法警察官、司法警察遇有急迫情形得请在场或附近之人为相当之辅助。

第二百三十七条　侦查不公开之。

第二百三十八条　被告因疾病或其他正当理由不能传唤到厅者，检察官得就其所在地讯问之。

第二百四十条　检察官关于侦查事项得请该管公署报告。

刑事警察用语 摘要

犯罪人 在未经法庭判决有罪以前均称为被告人，必受有罪之判决确定后，始称为犯罪人。

现行犯 即一望而知其为犯罪者（如当场拿获者或其手中尚拿着赃物或凶器或身有血迹或因有人追捕，正在奔逃时），人人可拘捕之，不必有拘票。

嫌疑犯 例如，在其家中发现赃物非报告，发给搜查票及拘票，不得搜捕。

被疑人 见有形迹可疑或被人告密者，应先秘密探查查实，报由长官，给有搜拘票，始得依法搜捕。

被害人 即被犯罪人、加害之人（如被偷、被抢、被诈欺诱拐……等等）皆曰被害人。

告诉人 被害人向检察官或警察官告诉者，则称为告诉人，不称原告。

自诉人 自诉之范围本有一定，兹略举如下：（一）被人误伤尚轻者，（二）被自家亲属诈骗者，（三）妻被人诱奸者……凡法律上规定须告诉乃论者曰亲告罪，苟非被害人亲告，则警察可置之不理，即已告之后本人亦可请求撤回，此外尚有属于初级法院管辖仅，系侵害个人法益之罪，皆可由被害人自向法院起诉。

告发人 不论何人只要知有人犯罪，虽事不干己，皆可告发，名曰告发人。

原告 检察官代表国家为刑事之原告，即处于刑诉当事人之地位。

公诉 只检察官有提起公诉之权，所以警察所办刑事犯案件必须解交检察官，由检察官向法庭起诉。

附带民事诉讼 即被害人于检察官起诉后，自向法院请求损害赔偿（其请求范围，应以因犯罪而受损害者为限），名曰附带民事诉讼，即前刑诉条例所谓附带私诉。此诉讼应由被害人自为原告。

有侦查犯罪职权之公务员 即检察官、警察局长、巡官警长、警士、侦探等皆是。

刑事警察 凡警察官长或警探等行使侦查搜捕之职权，皆为刑事警察或曰司法警察。

侦查讯问 在未起诉以前，凡警察人员及检察官先秘密讯问嫌疑犯或证人，皆曰侦查讯问。不可称审问。

扣押及封锁 预料将来须没收或可作为犯罪证据之物件，如存在房屋内不便搬移者可封锁之，派人看管，一面谕知原管有人或所有人静候判决，不准擅自移动。

没收 必须经审判决定，依法没收者，方可称为没收。

拘留 必须经判决拘留若干日者，方可说拘留，否则只称待质或候讯。

羁押、看守、管收 此三种名词意义大致相同，总之在未审判前因其犯罪情节较重或恐其逃走，得先看管羁押，以待侦查，不得称为拘留。

履勘、勘验 俗呼踏勘，学者称为临场检验。警察人员或警士闻有犯罪案件发生，应即前往实地查看，曰勘。

检查、检验 即察看受伤人或被杀之尸体，或去寻指纹及察看犯罪人来踪去迹，亦皆称检查。

汪文玑先生学术年表[*]

1889 年

出生于浙江杭县（今杭州），字定华。

浙江两级师范学堂初级科最优等毕业，浙江公立法政专门学校法律科乙等毕业。

1917 年

4 月，著《违警罚法释义》，由商务印书馆出版，同年 10 月再版。

1919 年

3 月，著《违警罚法释义》发行第三版。

著《陆军刑事条例释义》，由商务印书馆出版，荣获陆军部嘉奖。

1919—1922 年

担任"鲁案"善后会议委员会委员。

1924 年

8 月，著《违警罚法释义》发行第四版。

1928 年

10 月，著《现行违警罚法释义》，由商务印书馆出版。

1930 年

发表"提倡民营铁道定为国营铁道补助政策意见书"，载《铁路协会月刊》第 9 期。

---

[*] 本表由王鹰编制。

任铁道法规编订委员会组长委员。

1931 年

8月18日，任国民政府铁道部参事。

1932 年

监视接收正太铁路。

1933 年

发表"铁路沿线出产展览会于农工商之利益"，载《铁路协会月刊》，第4—5期（亦见于《铁道公报》第547期）。兼任铁道部法规委员会副主任。

1936 年

发表"对于新生活运动与提倡国货的感想"，载《铁道公报》第1370期。

1938 年

9月3日，任交通部参事。

还任国民政府交通部参事、国际交通审查委员会委员，国民政府军事委员会秘书等职。

卒年不详

通过警察法的社会引导和控制

——《现行违警罚法释义》导读

王 鹰[*]

违警,已经是一个比较陌生的概念了,意即违反警察管理。早期警察管理了几乎全部的社会安全和社会秩序,所以违警的含义几乎等于违反社会秩序。最早使用违警概念的时候,是把违警当作一种犯罪来看待的,后来才逐渐剥离出来。违警罚法,意即关于违反警察管理给以处罚的法律法规,大体相当于警察法。

违警的前提是存在警察对社会的管理。中国正式建制的警察,是在1905年(光绪三十一年)设置的,一开始称巡警。1905年10月8日,光绪颁谕旨称:"巡警关系紧要,迭径谕令京师及各省一体具办,自应专设衙门,俾资统率,着急设立巡警部……所有京城内外工巡事务,均归管理,以专其职。其各省巡警,并着该部督饬办理"。圣旨已经讲得很明白,从京城到各省,迅速建立警察,要有专门的机构,专门的人员和专门的职能。巡警部设尚书,左右侍郎,左右丞及参议各一人,相当于部领导班子。巡警部分为警政、警法、警保、警学、警务并机务六个司,直接管辖北京内、外城两个巡警总厅、北京内、外城两个预审厅、高等巡警学堂以及京师习艺所、路工局、消防队、协巡营、探访队、稽查处。从此,中国近代全国性的警察体系正式建

---

[*] 王鹰,法学博士,广州大学法学院教授。

立。光绪皇帝的建警圣旨，便是中国警察正式登场的第一声锣鼓。

在此之前，中国当然也有治安机构，只是一直没有现代国家才有的专职警察。就在巡警部之前，有一个叫工巡总局的机构，管京师城市建设，其中设置了城管部门，顺带管治安，比如每天点燃路灯。更早一点，有善后协巡总局，是八国联军进占京城之后的一个善后部门，同时管理治安。其实，中国在整个封建社会时代，都十分重视治安却又没有专门警察部门，长期军政不分、军警不分，治安的职能都包括在政府部门中。一个县令，同时也是这个县的武装、治安和司法长官。对社会而言，保甲制度几乎就把治安事务囊括而尽。

所以，1905 年可以叫做警察元年，有了专门的机构和人员，统一管理，政府出钱，还学习国外警察，穿上了制式警服。警服的样式完全不同于中国传统的兵勇服装，不同级别的巡警，其帽子和服装上的配饰也不同，连裤逢都分三道杠。警察穿起来，巡逻在街上，真是一道景观。租界里边才有的东西，中国法域也有了。尽管这全套警服基本上是从日本学过来的。

办警察是清末"新政"的一个重要篇章。这里边既有清朝政府维护自己统治的需要，也有西方列强的不断施压和国内治安状况恶化的刺激，甚至也有朝廷重臣们自己权力扩张的小算盘。1900 年八国联军占领北京城，经过谈判次年达成辛丑条约，条约第十条就规定清朝政府必须加强各地治安，切实保障外国人在华安全。也就是从这一年起，清政府降旨允许各地"试办"警察。其实，清朝苟延到这里，已经深度腐朽无能，各地反清活动风起云涌，盗匪亦借机猖獗，客观上也急需要强化治安管理。加之一些手握大权的地方重臣，也想借办警察之际，壮大自己的势力。1905 年发生了一个重大案件，清政府考查西洋宪政制度的五大臣，在火车上遭遇炸弹袭击。死伤不大震惊大，连朝廷圣谕都颇见愤怒之辞。"竟有匪人在火车上掷放炸弹之事，此等凶顽不法,难保无党羽混迹京城,暗图生事。巡警关系重要,亟应认真办理,以销隐患而靖人心"。至此,清政府才不得不建立全国性的警察体系,作为预备立宪的一个前奏。不过,时代给以清政府的改革窗口,几乎快要关闭了。

初建的警察体系对于维护统治政权尚不能发挥重大作用,然而对于社会,却逐渐显现出秩序的维护功能。清朝末年是中国城市化快速发展时期,京沪津汉几个大城市的人口都已达到七八十万,上海已经超过一百万。原有的保甲制度以农村稳定的家庭、家族为基础,显然已经不能适应城市化规模较大的社会。加之清末被迫进行的一些改革,需要由社会来分摊改革成本,比如警察体系建立,财政开销很大。社会的承受能力还很弱,尤其农村,不断加重的税负,引发了此起彼伏的骚乱。在这种社会背景下,现代警察体系的建立,对于社会治安秩序,还是能起到一些震慑和控制作用。正如第一任巡警部长徐世昌(1855—1939)所说,"自举办巡警,抢劫日少,绺窃日稀"。

警察既办,则同时需要制定关于警察的法律,警察管理社会所要依据的规则,就是违警罚法。违警罚法是违警处罚法规的通称。清末和民国时期制定、修订过五部违警罚法,即1906年的《违警罪章程》,1908年的《大清违警律》,[①] 1915年、1928年及1943年民国的三部《违警罚法》。其中,1928年的《违警罚法》,是国民党大体上结束军阀混战而统一全国后制定的,在法制史上有着重要的标志性、示范性作用。这也正是选择汪文玑《现行违警罚法释义》校勘的意义。

1906年草创的《违警罪章程》是迎合清末中央最高警政机构巡

[①] "宪政编查馆奏考核违警律折并单","民政部通饬违警律施行办法文附办法",上海商务印书馆编译所编纂:《大清新法令》(1901—1911)点校本,第三卷,见商务印书馆2010年版,第9、19页。

警部并入民政部而颁行的，比较粗略。不久，1908年的《大清违警律》将其取代，这是中国近代第一部正式的违警罚法，比较充分地体现了立法者"纳民轨物"的意图。

早期的违警罚法，将违警行为看作是犯罪的一类，大体上属于轻型犯罪。法国拿破仑上台，为了强化统治秩序，加强对违警行为的处罚，故在1810年颁布的《法国刑法典》中，正式将违警行为列为犯罪的一类。该法第1条即规定，"法律以警察刑处罚之犯罪，为违警罪。法律以矫正刑处罚之犯罪，为轻罪。法律以剥夺生命、身体、自由或身份能力之刑处罚之犯罪，为重罪。"同时专设第四编"违警及其处罚"，具体规定了各种违警罪行及罚例。① 随着《法国刑法典》影响力的扩展，犯罪"三分法"的立法体例亦为其他国家所仿效。

中国1906年的《违警罪章程》和1908年《大清违警律》都属于特别刑法，参考日本1880年刑法的第四编"违警罪"比较多。② 在刑律尚未颁布的时候，单独颁行《违警罪章程》，也是形势所迫，反倒给了执法更多的便利，有成熟一个、颁布一个的实用主义法制意义。正如汪文玑的观点所说，"违警罚法，亦刑事法一种"，"在事实上为达警察之目的，究不若单行之便利。"

进入民国，1915年违警律改称《违警罚法》。这一改动，表现了立法者开始有了"去刑化"立法改革的思想萌芽，但是这种意图还不够明显，在许多地方依然与刑律交叉重叠。1928年3月，南京国民政府公布了《中华民国刑法》，与北洋政府时期的《暂行新刑律》相

---

① 何勤华等著：《法律文明史》第9卷《大陆法系》，商务印书馆2015年版，第405页。
② 日本刑法（明治十三年，1880年布告），见南洋公学译书院初译、商务印书馆编译所补译校订：《新译日本法规大全》点校本，第二卷，商务印书馆2007年版，第519页；日本刑事诉讼法之"违警罪即决例"（明治十八年，1885年布告），见同上书，第631页。

比,有了进一步的更新和充实,如限制法官自由裁量范围等。内政部认为刑法与违警罚法紧密衔接,违警罚法也应该作出相应的修改。于是1928年5月开始对北洋时期的违警罚法进行整理,经法制局和司法部初审后上报中央政治会议核定,1928年7月21日正式公布了新的《违警罚法》,公布之日起实施。

修改之后的《违警罚法》,继承了北洋政府《违警罚法》的基本框架,但内容和体系更加完备,结构更加精准。对于违警行为的界定及其相应的免责条件、未遂、加罚、合并罚、共犯情形的区别等都有与刑法相衔接的规定。新的《违警罚法》加强了对未成年人的保护,违警责任年龄从12岁改为13岁,即"未满13岁人违警不处罚"。北洋时期的违警罚法规定了"精神病人违警者不处罚,但精神病间断时之行为不在此限",1928年的《违警罚法》将"精神病人"术语改为"心神丧失人",并且删除了"但精神病间断时之行为不在此限"一句。另外,处罚数目的计算改为"几分之几"方式,更加精确。处罚机关名称的变化更为引人注目,即将北洋时期的"警察官署"改为"公安局所"。因为从南京民国政府成立起,各地警察机构,除首都警察厅(南京)外,基本上都改为了"公安局"及其派出机构。

1928年的《违警罚法》,几乎涉及了整个社会领域。

社会安宁对于民国来说,是警政管理的首要责任。违警罚法规定,未经允许的制造、贩卖烟火;在人烟稠密处燃放烟火和山林田野用火;未经准许携带凶器;散布谣言;疏纵狂犬咬人等情形,都是被禁止的,需要承担违警责任。

民国的社会秩序,所包括的内容和范围,是所有单项法律中最为广泛的。工商经营、出生婚姻登记、房舍建筑、旅店住宿,均为社会管理的秩序内涵。各种扰乱社会秩序的行为之规定,详尽周密,如聚众喧哗、公共处所酗酒醉卧、深夜喧哗、滋扰商铺营业、核定物价之外加价索价等，包括警察自己，如果在公共处所擅吹警笛，也属于滋扰社会。

违警罚法管辖意义上的交通，既包括道路交通，也包括水上交通，还包括邮电。大凡阻碍邮电、滥挖道路，甚至不洒扫道路、车马夜行不燃灯火，都属于交通违警，需要承担相应责任。

社会转型，移风易俗具有标志引导的意义，也能够在人们心理上形成对新风尚的接受和认同。所以违警罚法对于妨害风俗的行为，设定了比较周密的管理和处罚。游荡无赖、行迹不检、僧道恶化（缘）、江湖流丐强索钱物、暗娼及其代为媒合容留、演唱淫秽词戏等，将被首先制止和处罚。以至于污损祠庙和他人墓碑、猥亵他人身体、公共处所叫骂、赌博、裸体甚至有碍风化的奇装异服等，都是妨碍风俗的行为。

卫生问题是民国时期的大问题。《违警罚法》用了四条十五款的大篇幅加以规定。那时候的城市，污秽遍地，缺医少药。妨害卫生的行为广为存在。比如，未获许可售卖有毒药剂、人烟稠密处开设粪厂、不听制止在人烟稠密处晾晒煎熬秽气物质、售卖春药堕胎药及散布此等告白、符咒邪术治病、损毁沟渠、运送秽物不加盖、公共处所便溺、污染饮用水等行为，都是违警行为。

至于妨害他人身体、财产行为，妨害公务行为，妨害司法行为（诬告、伪证及湮灭证据）等行为，当然也是违警罚规制的重要内容。

1928年的《违警罚法》，与清末和北洋时期的违警罚法相比，增加了不少社会秩序保障的内容，更为深刻地反映了"非刑事化"的立法思想。许多违反社会秩序的行为，不再作为犯罪问题来处理，而是越来越多地作为社会问题来加以规制。在中国漫长的法制传统演变中，刑法的强大主导力量，没有给民事和社会的规范留下太多空间。把一些法律禁止的行为，从刑法惩罚中剥离出来，为以后行政法的兴起，预留了重要的伏笔。从这个意义上说，1928年的《违警罚法》，意义深远。而汪文玑的《现行违警罚法释义》，逐项阐释其义理，每一条款的具体规定，都能尽力周全表述，法理简洁透彻，蕴涵于法条注释之中。正如吴贯因（1879—1936）作序所言，汪文玑先生的释义，使违警罚法的精意能为家喻户晓。

今天阅读汪文玑先生的重要著述《现行违警罚法释义》，把它放在中国近代转型的大背景之下，与刑法和行政法联系起来，以社会改造和社会建设为立法宗旨，应该是非常富有教益的。

《中国注释法学文库》编后记

"法学作为一种学术形态。其重要的构成要素是法律注释学。这是区别于哲学、文学、美学、经济学等其他人文学科的重要特点。法律注释学虽然早在古代即已产生，如古代罗马的私法注释学、古代中国的刑法注释学等，即使在没有法典的中世纪英国，也产生了法律注释学即判例法注释学。"① 注释法学是世界法学研究共同的样态。

中国古代法学就价值层面，具有无神论和现实主义精神，其法学理论的思辨精神淡薄，理论层次不高。从文献上讲，中国古代法学资料十分广泛，如《易经》《尚书》《周礼》《左传》《国语》《论语》《孟子》《荀子》《墨子》《老子》《庄子》《商君书》《慎子》《申子》《韩非子》《吕氏春秋》《历代刑法考》，还有正史列传、循吏列传、酷吏列传，《食货志》、私人文集，奏议及类书、丛书中的有关部分都与法学有关。②

从辞源上来讲"由于法学的概念是近代海禁打开以后，从西方输入的文化范畴，在古代是没有的，因此，传统律学就可以说是中国古代特定历史条件下的法学。"③ 所以，在古代中国并没有出现正式定

---

① 何勤华：《法律近代化考论》，载《法律文化史谭》，商务印书馆2004年，第281页。
② 同上书。
③ 张晋藩：《清代律学及其转型》，载《律学考》，商务印书馆2004年，第413页。

名的法学，有的是实质意义上的法学，即中国古代的律学。律学讲求"法条之所谓",[①] 与中国传统学术习惯和研究范式相一致，字词意的考据是学术的基础。从这个意义上说，古代的中国就已经产生了与近代法学意义同一的律学。两千多年来，对法律的研究大都驻足于如何准确地注释法律、诠解法意、阐明法律原则，形成了以注释律学为主要代表的传统律学。中国古代的注释法学，以注释律学为载体，是以注释国家的制定法为特征。注释的宗旨，在于统治者设定的框架下，准确注释法律条文的含义，阐明法典的精神和立法原意，维护法律在社会生活中的统一适用。[②]

在这个意义上说中国古代的注释法学，即律学，经过漫长的发展阶段，大致分为如下：传统注释律学的发端是以商鞅变法，改法为律和以吏为师为起始。西汉引经解律是注释律学的早期阶段。东汉章句注释到晋律解是律学的奠基阶段。《唐律疏议》的出现标志着注释律学的发展阶段，这一阶段显著特点是唐代以官定的律疏取代私家注律，强调法律解释的国家权威性。注释律学自宋代至元代逐渐衰微。明代是专制主义极端强化的时期，是注释律学振兴和复苏的时期，产生了著名的注释律学大作，如彭应弼《刑书据会》、陆柬《读律管见》、王肯堂《律例笺释》等。到清代注释律学又到达到鼎盛，历两百年不衰，直到20世纪初西学东渐而来的近代法律转型，建立中国近代法律体系止，清代的注释法学，在注释方法、注释内容和注释风格上，更达完备性、规范性，成为传统注释律学的最终成熟形态。[③]

---

① 武树臣：《中国古代的法学、律学、吏学和谳学》，载《律学考》2004年，第11页。
② 何敏：《从清代私家注律看传统注释律学的实用价值》，载梁治平编：《法律解释问题》，中国政法大学出版社1999年，第323页。
③ 同上书，第325页。

中国传统法学到 19 世纪晚期经历着中华法系的死亡与再生,[①]在此基础上产生了中国近代的注释法学。19 世纪末 20 世纪初,中国社会面临亘古大变,甲午战败、辛丑条约,到日俄战争,竟让外国人(俄国、日本)在我们的国土上开战,自己倒成了坐上观的看客![②]在这样的屈辱历史背景下,1901 年慈禧太后发布新政诏书,中国传统社会开始自上而下地发生近代化转型。转型最烈在于宪政改革、官制改革,建立起了中国近代的国家官僚机构。1905 年慈禧发布预备立宪诏书,至此,清末以宪政改革为龙头的变法修律、近代化运动进入高潮。1908 年钦定宪法大纲出台,确立宪法上的君主立宪政体。这年慈禧与光绪相继谢世,转年进入宣统年,这场近代化改革依然继续,大量的近代法律法规均在这一时期纷纷颁布。据统计,从光绪二十七年(1901)到宣统三年 1911 年,整个清末"新政"十年,清政府发布新法律涉及宪政、司法、法律草案、官职任用、外交、民政、教育、军政、财政、实业、交通、典礼、旗务、藩务、调查统计、官报、会议等十多类,法规数量达 2000 余件,[③] 这一期间既是清政府没落的回光返照,也真实地开启了中国社会的法律近代化。

中国近代法学以移植西方法学,尤其是法德法系的六法为主干,输入西方法治文明的观念、制度与原则,这些涵括世界法律文明的内容包括:

第一,法律的渊源或是人类的理性(自然法),或是全体人民的共同意志(制定法),它是社会正义的体现;

[①] 何勤华:《中国古代法学的死亡与再生》,载《法律文化史谭》,商务印书馆 2004 年,第 300 页。
[②] 王涛:《大清新法令 1901—1911》点校本总序,商务印书馆 2010 年。
[③] 商务印书馆编译所编纂:《大清新法令》(1901—1911),何勤华等点校,商务印书馆 2010 年。

第二，人的天赋的自然权利不可剥夺；

第三，国家或政府是人们之间通过协商、订立契约的产物，因此，国家或政府若不能保护人民，人民就有权推翻它；

第四，必须用法律来治理国家，哪里没有法治，哪里就肯定不再有政府存在；

第五，立法权是最高的权力，具有神圣性，但它不能侵犯公民的生命和财产；

第六；法律的主要目的是保护私有财产；

第七，法律制定后必须坚决执行；

第八，法律面前人人平等；

第九，法律与自由相联系，没有法律也就没有自由；

第十，一切拥有权力的人都容易滥用权力，因此，必须用权力或法律来制约权力。[①]

中国近代法学走上移植、继受西方发达国家法律文明的路子，学习途径，最初传教士从事法律教育、创办团体、刊物开始传播法律知识；[②] 清末政府积极推动，张之洞、袁世凯、刘坤一保举，经钦定的修律大臣沈家本、伍延芳，[③] 政府开办修订法律馆，派"五大臣出洋考察政治"，系统地组织翻译西方法学著作，都是中国近代法学迅速成长起来的重要原因。西方法律文化的传播，除大量的汉译法律类图书出版之外，还有对清末立法成果注释、解释的部门法律著作出版，鉴此，中国近代注释法学在这一背景下出现。

[①] 何勤华：《法学近代化论考》，载《法律文化史谭》，商务印书馆2004年，第289页。

[②] 何勤华：《传教士与中国近代法学》，载《法律文化史谭》，商务印书馆2004年，第321页。

[③] 王兰萍：《政治家的引领作用》，载吴玉章等主编：《西方法律思想史与社会转型》，中国政法大学出版社2012年，第311页。

百年后的今天，当我们回顾中国近代法学时，尚存几点思考：

第一，西法传入是中国官方自上而下积极推动的，西方是一套全新的法律系统，与中国传统法学截然不同，要让人们知悉部门法的具体内容，以及这套知识体系的优点，解释法条、阐发法理之著作成为西法东渐最基本的读物。

第二，考据、注释之方法是中国固有的治学方法，中国学人信手拈来，中国本土的考据之法与从继受西法知识系统交互对接，使中国近代法学呈现出翻译西法著作与注释法学著作两分天下之势。

第三，此时的注释法学，无论阐释哪种部门法，其核心价值反映西方法律方明的精神，如民主、自由、平等，权力制衡，司法独立，私权自治等，这些理念产生于欧洲近代化过程中民族国家建立、反对封建特权之中，这一历程是人类文明进步发展的必经之路，它为中国社会由专制走向法治奠定了理论基础。清末政府推动的中国法律近代化，其思想层面的意义，对于百年后依然进行中的法制现代化有诸多的启示与历史的借鉴意义。

第四，研究中国法学，按照学术流派梳理，有中国新分析法学派，如民国时期以吴经熊为代表，[①] 确少有关注中国注释法学派别。但是，不容忽视的是中国近代的注释法学研究成果真正体现了中国法学本土化与国际化初次尝试，所产生的碰撞、吸纳、排异、融汇，至今都是不过时的研究课题。因为，中国社会的现代化包括法律现代化依然是国家文明建设的当代话题。

为了梳理这些历史上曾经的、现在尚显支离破碎的中国注释法学，我们着手整理出版《中国注释法学文库》，纳入本次出版计划的

[①] 端木恺：《中国新分析法学简述》，载吴经熊、华懋生编：《法学文选》，中国政法大学出版社2003年，第231页。

书目主要集中于中国近代的注释法学。在众多著作中遴选孟森、秦瑞玠、张君劢、郑竞毅等的注释著作。如孟森的《地方自治浅说》、《咨议局章程讲义》、《省咨议局章程浅释》、《咨议局议员选举章程浅释》,张君劢的《中华民国宪法十讲》,郑竞毅的《强制执行法释义》上、下,汪文玑的《现行违警罚法释义》,徐朝阳的《刑事诉讼法通义》,秦瑞玠的《大清著作权律释义》,谢霖的《票所法要义》等著作。另外,对于中国古代经典进行法学意义上的阐释之作,我们也纳入其中,如张紫葛、高绍先的《〈尚书〉法学内容译注》等。当然,百年前的法律文献,保存十分不易,且不少图书馆素要高价,难以借阅,这些制约了《文库》版本选择,目前远未达到涵盖法学的全部基本法、再现六法面貌,今后随这一出版项目的继续,我们将逐步扩大收书范围,以期全面概观中国近代注释法学原貌。*

---

* 本文由王兰萍执笔。

图书在版编目(CIP)数据

现行违警罚法释义/汪文玑著.—北京:商务印书馆,2016
(中国注释法学文库)
ISBN 978-7-100-11963-4

Ⅰ.①现… Ⅱ.①汪… Ⅲ.①违警—处罚—法律解释—中国—民国 Ⅳ.①D924.362

中国版本图书馆CIP数据核字(2016)第026751号

所有权利保留。
未经许可,不得以任何方式使用。

本书1928年由商务印书馆发行

中国注释法学文库
现行违警罚法释义
汪文玑 著

商 务 印 书 馆 出 版
(北京王府井大街36号 邮政编码100710)
商 务 印 书 馆 发 行
北 京 冠 中 印 刷 厂 印 刷
ISBN 978-7-100-11963-4

| 2016年3月第1版 | 开本880×1230 1/32 |
| 2016年3月北京第1次印刷 | 印张4⅜ |

定价:26.00元